香港的顏色
南亞裔
→

歷史
文化
傳略
美食
購物

→ 馬克·奧尼爾、
　　安妮瑪莉·埃文斯 著

→ 陳曼欣 譯

→ 李安民 攝

→ 香港註冊導遊協會 協力

今天的香港，是由多族群和文化形成的。

當一名遊客首次踏足香港機場時，明顯感覺這是一座充滿西方氛圍的中國城市：華人面孔加上陌生的廣東話和中文方塊字；然而英語隨處可聞可見。接機大堂內，許多白種人正等待著迎接親友。這第一印象提醒旅客，儘管現在的香港已是中國一部分，畢竟曾被英國殖民了 156 年，中式佳餚、寺廟、太極和麻將；加上富殖民色彩的建築、法院、板球和下午茶，香港一直以這種中西混集文化自詡，加上以中英雙語發放信息的報章雜誌、電視節目，更強調這種歷史性的中西調和。

但這不是香港文化的全部。香港不僅僅有中國人和英國人，還有來自許多其他國家的人。根據 2016 年的人口普查，香港 735 萬人口中，有 58.4 萬屬非華裔，佔香港總人口 8%。其中人口達 34.8 萬的最大群體，來自印尼、泰國和菲律賓，當中以家傭佔大多數。緊隨其後的第二大族群是南亞人，人數達 80,028，來自印度、巴基斯坦、尼泊爾、孟加拉和斯里蘭卡。本書的主題正是少數族裔中的第二大人口南亞人。

他們在香港歷史中佔據著特殊的地位。許多南亞人家庭比多數中國人更早定居香港。1841 年 1 月 26 日，當義律上校（Captain Charles Elliot）將英國國旗升上香港天空時，2,700 多名印度人在場見證這歷史時刻。他們是軍人和商人，軍人隸屬英屬印度軍，商人則是來自西印度的巴斯人（Parsees）。接下來的一百年，印度人對殖民地的發展和保衛發揮了重要作用。當中不單有軍人，更有警察、獄警和保安員；另一些則經營國際貿易，將中國的茶、絲、瓷器和香料運往印度和西方，交換鴉片、棉花、服飾和其他商品；當中還有從事鑽石珠寶銷售。1864 年，匯豐銀行的 13 名創始委員中，有兩名印度巴斯人和一名印裔猶太人。此外，有一位巴斯人創立了天星小輪，另外一位主催及捐助成立香港第一所高等教育機構——香港大學。再有一位巴斯人在灣仔建立以其名字命名的律敦治療養院，以抵抗肺結核病。

1906 年，香港警隊有 1,050 名成員，其中 128 名歐洲人，511 名中國人，411 名印度人。1941 年 12 月，日軍侵佔香港，印度軍人在二戰抵抗日軍中付出沉重代價，至少有 100 人陣亡、數千人淪為俘虜。1969、70 年間，尼泊爾人來到香港，成為英軍啹喀兵，負責守護和廣東省接壤的邊境，防止非法入境者。

20 世紀 70 和 80 年代，香港成為主要的工業中心，本地印度裔的貿易公司發揮著不可估量的作用，產值共佔整座城市的國民生產總值（GDP）10%。本地公司有能力生產大量優質產品，卻沒有語言或金融手段把產品外銷。而印資公司擁有全球聯繫和金融網絡，讓他們可以推銷海外，特別是在發展中國家，這種連繫至為重要。裁縫製衣業是南亞人最喜愛的其中一種行業，時至今日，遊客在香港仍可以 24 小時之內訂造一套裁剪合度的西服，由度身、試身至完成。南亞人也當醫生、教師、工程師和其他職業。這座城市的主要建築工程，也少不了南亞建築工人。

南亞人帶來了自己的語言、宗教、運動、習俗、節慶和食物，並保留至今。他們建造寺廟、清真寺和其他敬拜場所；建造運動和娛樂休閒會所打板球和曲棍球；開設美食紛陳的餐館，為茹素者和回教徒提供素食、清真肉類和種類眾多的咖喱。

本書旨在介紹香港南亞人的歷史、宗教、傳統、習俗和經歷。書裏描述了他們售賣的商品和提供的食物。我們希望這本書能給讀者——香港居民和遊客——一些啟發，開闊視野，去看看並親身體會他們周遭豐富的多元文化。這座城市屬於來自不同多元背景的人。

———————— 馬克·奧尼爾

→ 目錄

印度人
與港同在

印度人
與港同在

自 1841 年香港開埠以來，印度人一直是城市的一部分。他們涉足多種行業
包括國際貿易、鑽石買賣、軍人、警察和裁縫，是構建這個城市的重要部
分。此外，也有從事法律、醫藥和金融業，或在政府機構內擔任重要角色。
20 世紀 90 年代，少於香港總人口 0.5% 的印度人，公司業務卻佔香港環球
貿易的 9%。今天香港印度人口達 45,000，幾乎是 1997 年香港移交中國時
的兩倍。新來的印度人大都是專業人士——工程師、教授和從事金融、科
技、保險、珠寶鑽石、船務和貿易。

印度人帶來了他們的語言、宗教、舞蹈、音樂和習俗，並保留至今。他們
與祖國及遍佈世界的印度社群保持密切連繫，組成一個有助香港成為亞洲
世界城市的緊密網絡的一環。印度社群關係密切，大多數年輕人都是在自
己社群內通婚。

→ 歷史

印度人在昔日英國軍隊中不可或缺。1841 年 1 月，當英國國旗在香港上空

→ 中國惡名昭著的海盜張也（Chang Yeh）在香港被捕，刊於 1887 年的《倫敦新聞畫報》（*London Illustrated Newspaper*）。

升起，至少有 2,700 名印籍英兵和 4 名印度商人在場見證這歷史時刻。甚至在香港殖民地還未成立前，印度公司就和中國有貿易往來，不少從事利潤豐厚但危害健康的商品——鴉片生意。

英國覬覦香港，在於她優良的深水海域，是南中國海岸最好的港口，讓英國急於將之成為貨運和貿易中心。

在建立香港貿易及貨運強國地位上，印度人一直扮演著重要角色。1864

→（上）中區警署建於 1864 年，由營房大樓和操場組成。為與日俱增的警員包括數目不少的錫克警員提供住宿。

→（下）1879 年，獄警管理由警署移交到監獄長。

年，香港匯豐銀行的 13 名創始委員中，有兩名是巴斯人，一名是印裔猶太人。1888 年，一名印度巴斯人創立的天星小輪，今天仍載著乘客遊人穿梭海港兩岸。1842 年，一位來自印度西岸城市蘇拉特（Surat）的穆斯林阿布拉罕・諾丁（Ebrahim Noordin），創立了公司鴨都喇利（Abdoolally Ebrahim），這是香港最古老的印資公司，營運至今。直到 1845 年 6 月，共有 362 名印度人和 595 名歐洲人在香港生活，當時香港的總人口是 23,817。

印度人更是香港保安工作至關重要的一環。二戰前，香港警隊中，印度人佔三分一，大多數是來自旁遮普的錫克教徒；此外，還有許多其他印度人在英軍和監獄工作。1941 年 12 月，印籍英兵勇抗日本入侵香港。在日本佔領期間，大量印度人被關押進香港各處監獄。直至 1942 年 2 月，香港共有 10,947 名戰俘，其中 3,329 名是印度人。英聯邦國殤紀念墳場管理委員會在跑馬地設立紀念碑，紀念為香港犧牲的 8 名印籍英兵和 1 名錫克英軍；另外，24 名在兩次世界大戰中喪生的印度次大陸回教徒，亦安葬在墓園的回教墳場。

→ 天星小輪

印度人對香港最顯著的貢獻之一就是天星小輪。130 年來，天星小輪往返於港九兩岸運送乘客。幾乎每個旅客訪港期間，至少要坐一次渡輪，至今

→ 自 1861 年起，香港警隊從印度招募警員，先是在孟買，後在旁遮普地區招募錫克教徒。
錫克警員獲准保留宗教習俗 —— 他們戴頭巾而非警帽，並獲分配一間祈禱前使用的專
屬淋浴房。

→ 1902 年，天星小輪第一個碼頭。

仍廣受歡迎。乘客可以在船上欣賞迷人景色，感受海風輕拂，從緊張的日
程中忙裏偷閒，享受幾分鐘的安寧。天星小輪的日運載量超過70,000人次，
年運載量逾 2,600 萬人次。2009 年，美國旅遊作家協會發佈的民調顯示，
天星小輪被列為世界上"十大最令人雀躍的渡輪"之首。

1888 年，商人 Dorabjee Naorojee Mithaiwalas 創立了"九龍渡海小輪公
司"，購入 3 艘渡輪運載乘客。隨著業務成功，他又買了第四艘船。因為
每一艘船都以"星"字命名，所以在1898年公司易名為"天星渡海小輪"，
名字沿用至今。每艘船可載 100 名乘客，平均一天往返 147 趟。1898 年，
Naorojee 退休，將公司賣給香港九龍倉公司，當時九龍倉的老闆是怡和集
團的威廉・渣甸和保羅・遮打爵士。1972 年香港第一條海底隧道開通前，
天星小輪一直是主要的跨海公共交通工具。

　　　　　　　　　　　　Chapter 1 —— 印度人與港同在

→ 香港巴斯祭司正在做日常儀式。

Naorojee 於 1852 年到達香港。他從孟買坐船偷渡到中國,在船上當廚師。他的生意以從孟買販賣鴉片到中國開始,後來除渡輪外,主要生意是管理經營旗下的 4 家酒店。1898 年他退休回到印度後,酒店便交由兒子管理。

→ 銀行、大學和醫院

Naorojee 是巴斯人(Parsees,意謂波斯的),他們追隨拜火教。拜火教是世界現存最古老的宗教之一,公元前 5 世紀於伊朗首次載入史冊。在公元 7 世紀伊斯蘭教誕生之前,它曾是伊朗帝國的國教超過 1,000 年。之後穆斯林征服伊朗,改變伊朗人信仰。許多拜火教徒為逃離宗教迫害出走西印度並定居下來。這個群體為他們的新家園現代化做出了巨大貢獻,他們建設工廠、磨坊、酒店、鋼鐵廠、醫院、教育機構和研究機構,在慈善事業

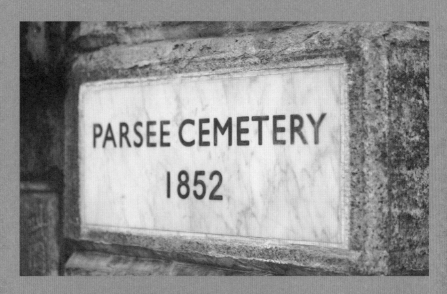

→（上）香港巴斯墳場。

→（下）跑馬地巴斯墳場內的墓碑。

→ 香港大學陸佑堂內麼地爵士半身像。

上也表現突出。印度最大的工商業家族之一塔塔氏（Tatas），就是巴斯人，巴斯社群幫助孟買成為印度的工商業中心。

19世紀中葉，巴斯人首次來到中國，在澳門和廣州定居，開設貿易公司買賣香料、鴉片、絲綢及棉花。1841年1月26日，當英國國旗在香港上空升起時，4名到場的印度貿易公司代表中有3位是巴斯人。自香港成立以來，他們為這座城市貢獻良多。就像之前提到的，香港匯豐銀行的13名創始成員有2位是巴斯人。19世紀60年代，香港已有17家巴斯人擁有的公司登記在冊。

1861年，一位名為麼地（Hormusjee Nawrotjee Mody）的巴斯人來到香港，受聘於一位印度銀行家兼鴉片商。之後他開展自己的鴉片生意，其後轉行。1889年，他建造了太子大廈和皇后行，皇后行所在地就是現在的文

→ 灣仔律敦治醫院。

華東方酒店。他主催籌建香港最古老及最著名的高等教育機構——香港大學，1907 年斥資 15 萬港元修建校舍，另外捐出 3 萬港元作資助基金，這在當時來說，為數不少。加上其他捐贈，學校於 1911 年末建成。學校的一座主要建築前豎立著一尊他的半身銅雕像，銘記他的慷慨。1912 年 3 月，他逝世一年後，學校啟用。在 1912 年 3 月 11 日的報導中，《南華早報》這樣寫道："麼地一生最大的追求之一就是一個眾所能及之處，但他年輕時卻因當時環境而被拒諸門外。這所大學將迎向所有種族和教徒，不會強迫學生修讀某個宗教，而是像牛津、劍橋和其他西方大學那樣尊重學生的信仰。"麼地還是九龍木球會的捐贈者和第一任主席。尖沙咀有一條麼地道以他的名字命名。這條路上盡是印度裁縫舖、餐館和零售店。碧荔道和旭龢道都是以著名的巴斯人命名。

1949 年，在灣仔區有一所新醫院啟用，它就是律敦治療養院。主要資金由律敦治（Jehangir Hormusjee Ruttonjee）斥資捐贈，以此紀念他1943年死於肺結核的女兒達賽（Tehmi Ruttonjee-Desai）。他也是一名巴斯人，1887年其家族在香港開創了生意。這所醫院是香港治療肺結核的主要機構之一。1991年，由於肺結核病人減少，療養院改為律敦治醫院，是一所能容納600名病人的綜合醫院，提供多元服務以滿足社區需求。它已成為一所急性綜合醫院，提供綜合醫療和外科手術。作為香港唯一一家提供變性手術的醫院，它的外科部門廣受好評。為應對灣仔地區的人口老化問題，醫院近幾年發展了老人科服務。

香港現時的巴斯人祭司是Homyar G. Nasirabadwala，他正值花甲之年。每天，在銅鑼灣善樂施大廈內，他都會進行源於古波斯的宗教儀式。身穿白裳，臉戴面紗，他每天五次在燃燒著的火盆前禱告。香港拜火教總壇建於1842年。

在跑馬地也是巴斯人墳場所在地。過去70年，不論在印度或香港，巴斯人社群一直縮減。2011年印度的人口普查顯示，社群人口從40年代的11.4萬減少到5.7萬。人口減少是由於許多巴斯女性和社群外的男性結婚而且趨向少生育；而嚴格的教規亦令外人難以入教。香港的巴斯人現在大概有250。

→ 南亞裔 "香港之父"

與巴斯人攜手並肩，共同建設現代香港的，尚有吉席·保羅·遮打爵士（Sir Catchick Paul Chater），一位印度亞美尼亞裔商人、慈善家和熱愛純種馬的賽馬愛好者。他當年是個孤兒，來香港投奔姊姊。他是香港許多領頭公司和早期土地開墾的幕後推動者。1926年5月28日《南華早報》刊登的訃告寫道："保羅·遮打爵士的一生便是香港的歷史。"

7歲時，遮打成了孤兒。1864年，他18歲，來香港投奔一位姊姊，起初在一家銀行工作。關於遮打有一些精彩故事，比如他是如何在晚上坐舢舨出維多利亞港，測試水深以實施填海計劃。由他成立或共同創辦的公司約有20家，其中包括與好友麼地爵士（Sir Homusjee Mody）共同創立的遮打麼地經紀行、牛奶公司、九龍倉的前身香港九龍碼頭及貨倉有限公司。他是1890年海旁填海計劃的幕後推手，之後創辦了香港電燈公司。

→ 中環遮打大廈入口處的遮打爵士半身浮雕。

遮打是立法局議員、行政局議員和高級太平紳士。他也是一位藝術收藏大家，曾擔任香港賽馬會主席長達 30 年，又獨資建造尖沙咀聖安德烈堂。

遮打推動香港向前發展，他展望九龍和新界的未來。儘管在日本佔領香港期間丟失了一部分，遮打仍保存了不少著名的藏品，包括油畫、水彩、素描、版畫和照片。如今在香港，你可以在遮打道、遮打大廈和遮打花園找到他的名字，其銅像就矗立在遮打大廈大廳內。1926 年他去世時把自己私人住宅雲石堂（Marble Hall）和所有東西遺贈給香港政府。

→ 印度學校

1891 年，猶太商人、慈善家埃利士・嘉道理（Ellis Kadoorie）為在港的

→ 1916 年，嘉道理爵士為印度學童開辦的嘉道理小學。

印裔學童開設了一所學校。學校取名嘉道理爵士印度學校（Ellis Kadoorie
School for Indians），是香港第一間將印地語和烏都語納入課程的學校。
這所學校既展現了埃利士・嘉道理的慷慨，也說明當時香港的教育制度只
為華人或外國人而設，並未切合印裔學童的需求。這所學校由印度富人贊
助，包括與印度緊密關連的嘉道理和夏佳里（Arculli）家族。後來嘉道理
決定將學校捐贈政府。1916 年 11 月 16 日，港督梅含理出席新校舍的開幕
禮。當年教育司在報告中這樣寫到："校舍非常舒適，就殖民地的標準來
說操場非常豪華。學校聘任了一位英語教師。"二戰期間，嘉道理學校和
香港許多學校一樣被迫關閉。戰後重開，其後遷校至西九龍現址。學校一
直是官立學校，主要以英語教學。這是所多種族學校，學生來自多個不同
國家。學生們必須學習中文，並選修印地語、烏都語或法語。

學校的官方網站上這樣說："19 世紀 90 年代，在慷慨的嘉道理家族贊助

下，學校始建於西營盤。1916 年，學校由香港政府接手管理，後遷至學校舊址東院道。多年來，學校一直是小學，20 世紀 60 年代才引入中學課程，自此成為男女官立中學。千禧年初，學校遷到現址，擁有一所設施齊備、設計新穎現代化的校舍，滿載能量活力，邁向新紀元。意識到本校學生的多元文化，及回應現代世界變化的需求，本校以全人教育為本，以培養學生終身學習為目標，為本地和全球社會所用。"學校的學生有印度人、巴基斯坦人、尼泊爾人、菲律賓人、泰國人和其他少數族裔。在香港，超過 10,000 名學齡兒童來自南亞社群。

→ 警隊
———

印度人在新殖民地最重要的一環是在警察部門。香港警隊開始時由英國軍官及旁遮普、錫克、穆斯林警員組成，之後又招募了華籍警員。1906 年，

→ Allah Ditta（1913-1980）之子 Allah Dad Ditta，拿著他父親在香港皇家海軍基地的印度警員委任證。證件上的名字是錯的。

→ Allah Dad Ditta 拿著父親在香港服兵役時所獲的獎章。二戰中他父親曾與日本人作戰，獲得 1939 至 1945 年星章、太平洋星章、1929 至 1945 年防禦獎章。

香港警隊共有 1,050 名成員，分別是 128 名歐洲人、511 名中國人和 411 名印度人。歐洲人佔據著高職，大多數中國人和印度人只能任職警員。歐洲警官可以晉升至警司，而華籍和印裔警員最高職級只到警長。英國人從旁遮普招募錫克人，認為他們勇敢、強壯、忠誠；和在港的白人一樣，他們都是外國人，面臨危機時，他們會效忠英國；他們的英語，也比華籍警員好。英國人把印裔和華籍警員分置不同宿舍，所以他們之間沒有交往。1927 年，警務處共有 246 名歐洲人、753 名印度人、816 名中國人。1947 年印巴分治後，警局繼續從獨立後的巴基斯坦招募旁遮普穆斯林。1961 年，最後一批 46 人的受聘隊伍到達香港。

→ 軍人

如前所述，第一批來港的南亞人是印度英兵。1841 年他們隨同英國長官一起到來。接下來的一個世紀，由印度人、錫克人和穆斯林組成的印籍英兵在英國軍隊服役，為英國在全球出征多場戰役。1947 年，印度獨立後不再允許英國繼續徵兵。軍人以外，印度人也參與香港警隊及從事保安工作，在維護法紀方面擔當重任。根據 1901 年的人口統計，當時非華裔的看更有 202 名，華裔 177 名。到了 1931 年，人口統計顯示，香港有 3,475 名印度人，當中 1,270 人是軍人，398 人是警員，127 人是公務員，1,294 人從事商業貿易，108 人是專業人士，34 人為印裔公務員當家傭或傭工。餘下的就是護衛員、看更和祭司。

→ 國際貿易

國際貿易是另一個印度人在新殖民地發揮重要作用的行業。英國建立的法治系統加上政局穩定，開展了中國與其他東亞國家貿易的新經濟機會。第一批來的印度人是巴斯人和博拉穆斯林（Bohra Muslims），信德人（Sindhis）和古吉拉特邦人（Gujuratis）緊隨其後，二者都是來自印度西部的印度教教徒。他們和中國做絲綢、鴉片和棉花生意，開店售賣商品給香港的印度英軍。到 1898 年，在港印度人共 1,348 人。

宗教、種族、習俗和語言將南亞人和本地華人分隔開。需要和本地人做生意和交流的南亞人會學習廣東話。但是這兩個群體的聯繫僅止於工作和生意，因為他們都只喜歡和自己族群通婚組織家庭。印度教徒、錫克人和穆斯林都希望保留自己的宗教、語言和習俗。家長反對跨宗教和種族的婚姻，和中國父母一樣，不想有異族聯姻。與當地相同族群，也就是他們社交和宗教生活的中心，緊密相連，於他們異常重要。他們的祖國已在外國勢力英國的控制下，一個獨立的印度，已是幾十年前的事了。

香港的英國人抱有同樣的種族純正思想。政府機構，甚或某些大公司規定，英國年輕人擁有穩定事業的前提是和相同種族的人結婚；那管是在香港或英國，子女一定要就讀英國學校。英國人把自己祖國的階級制度帶到了殖民地。在這個制度裏，印度人的地位介於英國統治者和華人之間。

→ 印度廟宇

跑馬地的印度廟是香港印度教的宗教、文化和社交中心。印度、尼泊爾和

→ 香港跑馬地印度廟中，信眾參加星期日的祈禱。

印尼巴里島共有 12,000 名印度教徒以香港為家。這座印度廟由 1949 年成立的印度教協會建造。殖民地政府劃出土地給不同宗教群體用來建設墳場。1928 年，政府給印度教社群分配的土地原用作墓園，但是印度教徒只會採用火葬而非土葬。修訂土地使用條款後，印度教社群在該址建造了廟宇。1953 年 2 月 15 日奠基，同年 9 月 13 日啟用。廟宇樓高 3 層，用圓柱將整體建築分作 6 個部分，帶一點西方影響的印度建築風格，在平坦的屋頂東南角建有一個穹頂。

禱告廳是整座建築的焦點所在，牆壁飾以寫著捐贈者名字的匾額。在香港，這是一座十分獨特的建築，俯瞰著跑馬地大受歡迎的馬場，傲然宣示印度教社群在香港久遠的歷史。在此之前，印度教徒一直和錫克教徒一起在附近的錫克廟禮拜。"政府給地，信徒出錢，把廟蓋起來。"印度廟廟宇管理委員會副主席 Lal Hardasani 在一次採訪中說道："過去和現在，社群

→ （上）在印度廟一次周日祈禱儀式上，一個女孩往濕婆林伽（Shiv Ling）中倒牛奶。

→ （下） 信德新年伊始，信眾在印度廟中做大銅盆（Behrano）儀式。

→ 2018 年 3 月 18 日跑馬地印度廟中，印度教信眾在周日崇拜中捐贈善款。

大部分是信德人。"除了信德人，香港的印度教社群還包括古吉拉特邦人
（Gujuratis）、馬爾瓦爾人（Marwaris）、孟加拉人（Bengalis）、旁遮普
人（Punjabis）、尼泊爾人、南印度人和巴里島人。

"這建築就是印度廟宇的樣子，"Lal 說道，"穹頂標示著這是一座廟。廟
內有宿舍供祭司居住，宿舍包括兩個房間、一間浴室和一個廚房。祭司都
來自印度。我們會優先考慮已婚祭司，因為這樣他不會孤單。現在的祭司
是 40 歲的 Sham Kewlani，已婚，來自孟買。1953 年以來，我們共有過十
多位祭司。"

宗教儀式通常以印度母語印地語進行，因為大多數人都聽得懂，雖然有
時也會用英語。主要崇拜日是星期日和一。星期天平均有 150 到 200 名信
徒參加禮拜，像濕婆節（Shivratri）這樣的大節日會有 600 到 800 名信徒

聚集於此。宗教儀式之後有免費的餐食。另一個重要節日是每年秋天舉行的排燈節（Diwali）。在香港，這些節日通常會邀請印度總領事出席。其他重要的節日還有灑紅節（Holi）、克里希那神誕辰（Birth of Lord Krishna）和十勝節（Dussehrra）。還不時有海外哲人學者到來教授靈修課程。

印度廟獲政府許可舉辦婚禮，但近年許多印度人選擇海外"度假婚禮"，像泰國的曼谷、蘇梅島、普吉島和印尼的巴里島。廟宇每月兩次接待本地學生團體，讓他們學習認識印度教。"印度教不是宗教而是一種生活方式，" Lal 說，"我們向很多神靈禱告。我們尊重所有宗教。"他補充說，經過 65 年，廟宇開始有破損，"幸運的是社群很慷慨。"

印度教協會也負責為印度教徒在柴灣歌連臣角火葬場進行火葬。火葬場由政府管理。"我們希望 24 小時內完成火葬，" Lal 說道，"但是大多數情況都是 48 小時。如果有人在家過世，政府部門要求有驗屍報告，而驗屍報告要等 2 至 3 天。我們做這些完全不收費。"

柴灣火葬場有 12 個焚化爐，在印度協會的首任主席梅瓦尼（F.T. Melwani）努力爭取下，其中有一個焚化爐預留給印度教社群專用。"我們相信投胎轉世，只有完成救贖才能上天堂。"Lal 說。火葬儀式後，政府部門會將骨灰交給死者家屬。有些人把骨灰撒入大海，有些人則把骨灰帶回印度，撒進恒河或其他聖河中。跑馬地印度廟的開放時間是每天上午 9 時到下午 1 時，下午 4 時到晚上 8 時。歡迎散客參觀，旅行團則需預先安排。

九龍還有另一座印度廟，就在尖沙咀加拿芬道一座住宅大樓的二樓。廟宇原屬夏利里拉家族（Harilela，印裔富商家族），其後捐贈給印度教廟宇信託基金會，讓人人可用。由於大部分印度人住在紅磡、何文田、尖沙咀和九龍的其他地區，這裏對他們更方便。此外，還有一些印度教中心，像賽巴巴中心，會為小孩提供印度教課程。

"我們大部分人在家裏都有一個小家廟，" Lal 說，"每天晚上我們會舉行祭火儀式（Arti，印度教的一種宗教儀式）。"儀式用托盤放著一盞點亮的油燈、焚香和搖動鈴鐺，進行崇拜儀式。"我們的家訓代代相傳，要求孩子不論在世界哪個角落，每週一、四吃素。我們希望孩子在我們族內通

→ 雲咸街巴力大廈。當年在這條街上，印度公司雲集。

婚，不過這點可不容易辦到。他們出國讀書、戀愛。沒有相類文化，便難以維持婚姻。"

→ 印度人對香港的貢獻

Lal Hardasani 是信德人。信德人是香港最大的印度社群，有 16,000 至 18,000 人。"從 1840 年代起已有印度家庭在這裏定居，"Lal 說。"信德人在 1920 至 30 年代來港，他們在裁縫製衣業和絲綢貿易上很活躍。英國婦女喜愛絲綢，信德人從中國、印度進貨，再賣到英國去。印度人也為這裏的英軍、英國人還有本地社區做裁縫。"

1947 年英國實行印巴分治，對於信德省來說是個悲劇。印巴兩國分割旁遮

→ Dhanraj Ghale 的工作是替餐廳送外賣，他 21 年前已來港。

普和孟加拉兩省，而整個信德省被劃到巴基斯坦的一個新穆斯林州份。信奉印度教的信德人頓覺無立足之地。"100 萬信德人兩手空空遠走他方，從零開始新生活。分治對我們來講是場災難。幸運的是，我們是勤勞的群體，藉著誠實努力工作，得以興旺起來。我們就像德國人和日本人，從廢墟中再次崛起。在印度，主要在孟買，信德人興建許多大學和現代化醫院。2014 年的福布斯富豪榜顯示，印度每 100 個億萬富翁中有 8 到 9 個是信德人，而我們的人數只佔總人口 0.5%。"

印巴分治後信德人遠走他方，到尼日利亞、巴拿馬、日本和香港。對於環球貿易，信德人早有經驗。這意味著在香港的信德商人能搭通全球聯繫和資本的網絡。"20 世紀 90 年代，儘管我們人口還不到香港總人口的 0.5%，印度人的生意額在香港國際貿易中卻高佔 9%。"Lal 說，"我們骨子裏就是生意人。許多市場都由印度人開拓的。在 50 至 60 年代，香港有很多生

Chapter 1 —— 印度人與港同在

→ 香港印度總會主席司徒偉。

產鞋子、運動產品和衣服的廠家，老闆不懂英語，我們便當中間人，替他們和買家做文書工作。"當時中環的雲咸街都是印度進出口公司。

Lal 說他們的社群是香港歷史不可或缺的一部分。"她的增長有我們的印記。這裏已是我們的家。我樂意去印度旅遊探訪，但我們家在這裏。在香港，我們從未感到有任何種族歧視或迫害，這裏社會和諧，只要積極正向就會受歡迎。即使在印度和巴基斯坦戰爭期間，在這裏我們也與巴基斯坦朋友共餐。戰爭是由政治家一手製造的。不管是回歸前還是回歸後，政府對我們都很好。政府會就貿易問題諮詢印度商會。"

自從 1997 年香港移交中國後，社群組合開始改變。 Lal 說有些人在香港移交前就離開了，移民去印度、加拿大和澳洲。"後來他們告訴我香港的商業機會更多。在英國的統治下，大約有 500 名印度人任職公務員，現在已經下降到 50 至 100 了。精通粵語是必不可少的，但許多少數族裔學校只教授簡單的中文。"過去 10 年，數以千計的印度新移民來到香港，擔任工程師、教授，或從事珠寶鑽石貿易、航運業，還有就是銀行、科技和保險業的專才。貿易仍然是印度人最重要的職業。"若是管理人員，本地缺乏的專才，或帶著錢來投資開公司，創造就業機會，就可以獲得簽證。政府不想要不合資格的工人。"

→ 印度商會

國際貿易一直是印度人在香港從事的主要行業之一。1952 年 12 月 12 日，10 名商界領袖在香港成立了印度商會，代表殖民地所有印度商人的權益。香港與印度貿易的增長，他們發揮了重要作用。20 世紀 50 年代，由於中印貿易興盛，許多印度商人移居香港。當這個城市成為重要的製造業中心，經濟欣欣向榮，這些商人，包括印度人和穆斯林，乘時而起，地位提升。自那時起，商會一直為社群服務，現已有約 500 名會員。它列出的目標包括：促進、保護香港和華南的貿易、商業、航運和製造業；代表並表達印度社群對商業利益議題的意見，包括立法層面的。它是印度商界與特區政府之間的界面。

司徒偉（Raj Sital）是香港印度總會主席，該總會成員有香港印度商會、香港印度協會、印度教會、印度會、香港印度婦女會、錫克教會、新印度會、印度僑民協會，和海外印度人協會。

→ 重慶大廈內，一位暱稱"Maxi"的印度店主攝於自己的牛仔商舖內。Maxi 在香港唸書，已在香港生活了 13 年。

→ 司徒偉

"總會在 40 年前由夏利萊（Hari Harilela）創立，" 他說。"9 個協會成員涵蓋社會、經濟和宗教團體。在他逝世前一年，夏利萊博士（Dr. Hari N. Harilela）提名我任總會主席。香港有 1,000 至 2,000 家印度公司，印度商會內有超過 500 家。其中 5 至 6 成 是本地印度企業，已有 2、3 代人在這裏生活；約 20% 是印度大型公司的分行； 協會有 20% 為個人會員，大部分是在大公司工作的專業人士。航運管理是印度人的強項，這行業中，許多公司都有一位印度 CEO。香港印度總會是本地團體，而不是像美國商會那樣的外國商會。總會有權簽發"原產地證書"，和其他 4 個地方商會不同，我們在立法會沒有議席。"

"截至 2013 年，印度公司貢獻佔香港國民生產總值的 8%；現在，這個數字已降到不足 5%。我們在非洲、南美、東歐、中東、獨聯體國家和亞洲等市場網絡強大。這些國家的客戶沒有自由兌換貨幣，我們可以提供本港和內地廠家，與這些國家間的貿易融資。長達 45 至 60 天的貨運期，讓廠家難以向客戶提供信貸。但因為我們在這些國家都有聯繫，就能夠做到這點。"

司徒先生對印度人一直以來為香港作出的貢獻引以為傲。"天星小輪由印度人創辦，"他說，"匯豐銀行第一任董事會的 13 名成員中，有 3 名是印度人；香港大學的創始人之一是印度人。我們傳統以慈善事業回饋社會。夏利里拉家族非常慷慨。就經濟方面而言，我們的貢獻在貿易、房地產、服裝、紡織和裁縫業。巴斯人從城市建立的第一天起就一直在這裏。

"印巴分治，整個信德省劃分給巴基斯坦，一些信德印度教徒傾向移居到大英帝國的屬地，例如香港、新加坡、加納、尼日利亞、直布羅陀和伯利茲，在這些地方他們有遷徙自由。他們到達後第一件事就是置業——住屋、商舖和業務。只要有物業，任何銀行都會借貸給你。對印度人來說，裁縫是一個非常重要的行業，其中 Sam's Tailor 是最著名的。現在年輕人不喜歡做裁縫。所以現在的西裝都是在香港度身，深圳製造。

"20 世紀 60 至 70 年代，我們在尋找市場、為香港產品提供融資方面，發揮重要作用。我們有一個全球網絡。我們在社群內通婚，所以很多居住海外的都是我們的遠房親戚。"

印度人在 1997 年之前都移民了嗎？"也有一些。但隨後又回流，更後悔自己的決定。他們在房地產市場損失慘重，因為這裏的房價比移居地的上漲快得多。回歸前，我們曾多次前往北京，和港澳事務辦公室的人會面。官員向我們清楚表明，由於我們不是華裔，所以不會獲得中國國籍。因此，我們遊說英國政府、港督彭定康、（英國）內政部和議會，給當時沒有國籍的香港印度人英國國民護照。我有資格申請特區護照，但必須放棄其他國籍。另一方面，持外國護照的中國人，如果他國容許多重國籍，便無需放棄外國國籍就可以獲得特區護照。不過，印度不容許雙重國籍。因此，在交接 3 個月前的限期內，許多印度人放棄了特區護照，以便有資格獲得英國護照。大約 20,000 至 30,000 印度人獲得了英國護照，相當 85 至 90% 的本地印度人，獲得英國屬土公民（British Overseas Territories

Citizens，BTDC）身份。這是一個非常人道的決定，我們十分滿意。在"六四事件"之後，英國政府發放的 5 萬份英國護照中，有少數印度人獲發英國國民護照。

"1997 年之前，中國政府向我們保證，回歸後外國企業享有和過去一樣的特權和條件。他們想讓我們知道五十年不變，這使我們感到安心。"

→ 1997 後有何改變？

"現在印度人貢獻佔香港國民生產總值已降至 5% 左右。這是由於中國國有銀行大舉融資，提供廉價信貸。中國銀行在香港的分行比匯豐銀行還要多。內地和香港公司可以從中國國有銀行獲得信貸融資，導致我們和"中港"公司的競爭加劇。中國銀行和工商銀行也向我們招手。因我們可靠，違約率非常低。結果，一些小型貿易公司倒閉了。年輕人不想在這些公司工作，他們想成為專業人士。大部分製造業業務已分判給內地。不設廠生產，要轉換產品便更容易。

"97 前，香港的印度人數處於 2 萬多一點。現在有 4 萬人——大部分是大公司聘用的專業人士，比如航運船隊管理。若有大公司幫忙申請，很容易就獲得簽證。7 年後就可以申請永久居留。

" 特區政府給予我們的待遇，與 97 前殖民政府統治下沒有兩樣。現在很少印度人在政府部門工作。1997 年仍任職政府部門的印度人，沒被迫強制離職，仍可繼續待下去，但已再沒有新人入職。之前，會說粵語足以任職政府官員；現在卻必須會讀寫中文。我們已就這方面遊說政府，我們認為，不一定需要書寫中文的工作，應該聘用印度人。1997 年前，政府中官職最高的印度人是巴加特（Ish Bhagat），他擔任監獄監督；還有鮑文（Barma）先生，官到運輸司。

"一直以來，這裏的印度僑民都不想搬回印度。這裏沒有印度學校。印度人送孩子到國際學校，從而可以去外國升讀大學。但是，在過去一年裏，第一次有討論在香港設立印度學校，開設印度課程。這是因那裏（印度）經濟已經改善，生活水準也同時提高，有些人期待回去。教育署已要求我們提供有關詳情；就如對其他國際學校一樣，可以提供我們一個適合地點建校。"

今天，香港的印度社群是非常多元化的。許多人仍從事傳統行業如國際貿易、餐館、零售和裁縫業，但也有數以千計的人是專業人員，在國際公司、金融、保險、醫藥、媒體、航空公司、航運、旅行社、瑜伽和鑽石行業工作。印度人能說多國語言。他們說各種母語，像旁遮普語、古吉拉特語、信德語，孟加拉語和泰米爾語；而大多數人會說英語。在 2011 年的人口普查中，37.2 % 的印度人說他們以英語為通用語，4.6% 說粵語和 57.9 % 說其他語言。其中，10.8 % 的人表示，他們並不以英語作為他們的通用語或第二語言；同一問題，換作粵語和普通話，答案分別是 64.7% 和 93%。

1.　　2018 年 4 月 4 日與香港印度總會主席司徒偉（Ray Sital）訪談。

2.　　2018 年 3 月 13 日與 Lal 保險經紀公司總經理 Mr. Lal Hardasani 和 Nexus Marine 總經理 Dr. Ravindra Shroff 訪談。

3.　　《香港的印度群體》（*The Overseas Indian Community in Hong Kong*），Professor K. N. Vaid，香港大學，1972。

印裔
社群長老

夏利萊

→ 夏利萊是夏利里拉集團創始人、主席，2014 年逝世。

夏利里拉家族是香港最富有、最知名的印裔望族。家族企業夏利里拉集團持有並營運 14 家酒店，遍及香港、中國內地、檳城、新加坡、倫敦、加拿大和紐約。這些家族酒店包括金域假日酒店，九龍的海景嘉福洲際酒店，新加坡樟宜機場的兩家大使酒店。超過 50 名家族成員同住在九龍塘的超級大宅內。大宅僅服務人員就超過 50 人。在香港，沒有可以與之相提並論的單戶住宅，恐怕在中國其他地方也如是。

家族長老夏利萊於 2014 年 12 月 29 日逝世，終年 92 歲。他是個重要的公眾人物，是兩屆特區政府行政長官的密友，北京中央政府的香港事務顧問，更獲香港政府頒授多項勳銜。

他同時是一個慷慨的慈善家，向慈善機構和高等院校多番捐獻。他逝世後，由唯一的兒子夏雅朗（Aron Harilela）繼任夏利里拉集團董事長一職。夏利萊有 5 個兄弟。家族在二戰後從事裁縫生意，賺到了第一桶金。1959 年，家族創辦夏利里拉集團，進軍酒店業，如今酒店業已成為集團的主營業務。此外集團還有出口和旅遊業務。

家族史

自 1911 年以來，該家族就一直居住在香港。Naroomal Harilela 是家族來中國的第一人，當時他離開現屬巴基斯坦的故土信德省，到廣州尋找機會。經濟大蕭條前，一直生意興隆。美國經濟崩潰致使公司破產，他被迫舉家遷往香港，而子女（包括排行第二的兒子夏利萊）也得外出打工。

夏利萊決定從事裁縫業。這明智的決定為家族帶來第一桶金。當時香港很多印度人都跟風做裁縫。二戰期間，夏利里拉家族居於香港。和香港其他居民一樣，1941 年 12 月到 1945 年 8 月的日佔時期，對他們來說是痛苦的經歷。雖然家族中沒人被關押，但他們日子也不好過；雖然仍以裁縫為生，然而生意有限。戰後，家族憑藉與駐港英軍、美軍交易發跡，從香港擴展到亞洲一帶。夏利萊父親 Naroomal 於 1948 年逝世。

1959 年，夏利萊兄弟成立夏利里拉集團。1961 年，藉收購香港帝國酒店後進軍酒店業。酒店業隨後成為集團的主要業務。旗下 14 家酒店業務遍及香港、中國內地、歐洲、加拿大和美國。

家族大宅

整個家族共居於九龍塘窩打老道一棟有 40 間臥室的大宅，以及延伸建設的一棟 28 臥室附樓。家族四代人生活在同一屋簷下。宅邸地下停車場可停放 20 多輛車，大宅共有 30 名家傭、3 名廚師、6 名司機及多名維修工、園丁為家族服務。宅邸最矚目之處是廟堂，每個家族成員每天早餐前都會來此禱告。夏利萊社交生活繁忙，他經常在那大吊燈裝飾的宴會廳舉辦盛大宴會，客人中有資深政治家、商界大亨和來訪的印度名流。

夏利萊活躍於公眾視野，是 6 個兄弟中最為人認識的。他是兩任特首董建華、曾蔭權的密友，英國殖民時期的港督和 97 後特區政府行政長官都曾向他諮詢。他獲頒授香港大紫荊勳章、金紫荊星章和 OBE（Order of the British Empire）勳銜。"在許多少數族裔議題上，他在政府中有很大影響力，" 香港印度協會主席 Mohan Chugani 說。他亦是活躍的慈善家，曾向香港科技大學等教育機構慷慨捐贈。"慈善始於家園，香港就是我的家，所以我將所有慈善事業回饋給香港人。"

2014 年 12 月 29 日，在家人的陪伴下，他在九龍塘家中過世，享年 92 歲。

在訃告中，家人是這樣描述他的："作為丈夫，他深情專一；作為父親和祖父，他慈愛有加；作為兄弟，他友愛和睦。他鼓舞了整個家族，是所有人的真誠朋友。"

兒子夏雅朗繼任集團董事長，"（我父親）為人慷慨、謙遜，思想開明及富前瞻性。"夏雅朗說。

"他一直鼓勵我去追求生命中的所有事情——學習、家庭、事業；而朋友也同樣重要，"他補充道。"公司依然堅持創始人奠定的價值觀。時代瞬息萬變，像我們這樣的生意必須開放思想接受新觀點和新思維方式。經營夏利里拉集團時，我總能想起父親教我的：做生意和做人，正直誠信最重要。"他說。

夏利萊和夫人 Padma 結婚六十載。除了夏雅朗，夏利萊還有 5 個女兒。

55–59, NATHAN ROAD KOWLOON, HONG KONG.

→ 位於彌敦道 55-59 號的夏利里拉洋服店,攝於 60 年代。

1. 夏利里拉集團官網。

2. 《南華早報》2014 年 12 月 30 日。

五代巴斯人

吉米·麥斯特

→ 吉米·麥斯特在銅鑼灣拜火教廟宇內。

告士打道吉米・麥斯特（Jimmy Minoo Master）辦公室裏，一張張鑲在相框的結婚照和其他的家庭照，為工作間帶來一點個人化。在其中一張照片，吉米身穿白長禮服，頭戴黑禮帽，這是一套巴斯男性在婚嫁和其他重要場合穿著的傳統服飾；他的妻子身著飾以細緻刺繡花邊的紗麗。

吉米和合夥人經營一家小型資產管理公司，已經超過 20 年。吉米生於 1955 年，是家族在香港的第四代人。第五代的代表，是他的兩個女兒——一個是香港愛護動物協會的獸醫，另一個是路透社的記者，兩人現都居港。

"據我暸解的家族史，我曾祖父的哥哥大約在 1910 年到達香港和廣東一帶，在孖士打律師行工作，"他說的是亞洲歷史最悠久的律師行之一。"幾年後，他把他弟弟帶到香港，兩個人決定在這裏開始貿易生意。

"那時候華人對棉紗，還有其他進口物資需求甚大，他們就從印度進口這些東西，後來又從中國出口像絲綢、香料、紗麗等到印度。"

在早期的英屬香港殖民地，巴斯小社群內大部分都是男人。20 世紀 20 年代，新婚不久的吉米祖母從印度來港和丈夫團聚，成為社群的第三個女性。

"那時候大部分男人都是獨自出來打拚。他們在亞洲待好幾年，每兩三年回家看看家裏人，見見妻子，可能趁著回家再生幾個孩子，"吉米說。"但是從 20 世紀 20 年代開始，把妻子從印度帶出來逐漸成為習慣，慢慢地，以一個個完整家庭組成的巴斯社群漸漸成形，持續至今。"

吉米的母親今年 92 歲，在香港出生。她的家族源自孟買，吉米父親的家族來自大吉嶺。巴斯人是伊朗難民的後裔，大約 1,200 年前，其先祖逃難到印度最西的古吉拉特邦（Gujarat）沿岸定居下來。

"所以我們繼承了古吉拉特語，穿古吉拉特服飾，即紗麗，我們生活中的很多方面都源自印度教文化和傳統，"吉米說。然而，在這裏出生，在這裏生活了一輩子，"我現在是地地道道的香港人了"。

巴斯小孩以父親名字作中間名。米諾是他的父親，也就成為吉米的中間名。吉米的女兒們都繼承了吉米作為中間名——女性以男性名字作為中間名是很罕見的——但是吉米堅持延續傳統。在印度被殖民之前，人們一般稱呼巴斯人為"某某的兒子"——例如，米諾的兒子吉米。英國人到來後，為了做人口普查，開始給印度人編纂名字。

"他們起的名字，要麼是你的家鄉名，要麼是你的職業，"吉米說。"所以我能想像很久之前，我們的先祖可能是老師，或是從事教育工作，麥斯特（Master，師傅）"這個姓一定是這麼來的。看看我們的巴斯社群，你會發現有很多跟貿易、家鄉有關的名字，這個傳統一直在延續。"

近年來，香港巴斯人口有所增加。多年來人數約120至150的小社群，近年增加到約240人。"主要是因為一些年輕巴斯家庭從印度被調派過來，在銀行、金融或物流行業工作。"他說。

香港為家人提供了安全的環境，吉米對這一點深表感激。考慮到香港地少人多，他很高興自19世紀50年代，巴斯人已有自己的墳場。

但同時，他又因這裏的一種傳統工藝失傳而傷感，

美麗的刺繡一般用作紗麗裝飾，從前這種精緻複雜的手工刺繡都是從香港和中國南方出口到印度的。

"這曾是很多人的大生意。這種技藝已經失傳了。所以今天在很多巴斯人家裏，如果還能找到這種舊紗麗花邊，是值得自豪的，把花邊縫在現在的紗麗上，在隆重場合才會穿著。"

吉米的曾祖父創辦的貿易公司名為巴利父子有限公司（K. S. Pavri and Sons Ltd.），註冊地址位於雲咸街——地面一層是倉庫，2樓是辦公室，3樓是住宅。吉米就在那裏長大。在日本佔領期間，倉庫遭到洗劫，公司很多檔案文件和紀念品已遺失。他們一家和其他人一起住在大樓裏，靠變賣部分首飾換取食物維生。

吉米的辦公室地上鋪著伊朗地毯。他的妻子是伊朗拜火教徒（Zoroastrian），他們在印度相識。"所以我們的文化裏也有伊朗的影響。她嘗試在我們日常生活中加入伊朗文化。她的名字是 Niloufer，意思是睡蓮，我們是在孟買相識的。"

"別把拜火教徒（瑣羅亞斯德教徒，Zoroastrain）和印度拜火教徒（巴斯人，Parsee）混淆。拜火

教（Zoroastrianism）代表著一種信仰，而印度
拜火教徒（巴斯人）是 1,200 年前從伊朗逃難的
拜火教徒後裔。所以在伊朗你會看到拜火教徒
（Zoroastrian），而在印度你會看到追隨拜火教
的印度拜火教徒（巴斯人）。別把二者混為一談
是很重要的。"

吉米的兩個女兒都和社群外的人結婚，一個嫁給
了荷蘭人，一個和英國人成婚。"就傳統而言，
我覺得她們有很強的巴斯人觀念，"他評價兩個
女兒道。"我想在她們成長過程中，讓她們知道
自己是誰，來自那裏，希望她們會延續一些傳統，
就像她們看到我們過去幾十年是如何傳承的。"

香港
人人平等

馬夏邁和吉杜馬爾

→馬夏邁女士和丈夫吉杜馬爾。

馬夏邁（Shalini Mahtani, MBE）和她的商人丈夫拉維‧吉杜馬爾（Ravi Gidumal），為在港南亞人士平權運動扮演重要角色。25 年來，他們為印度、巴基斯坦和其他南亞人爭取平等權利不遺餘力，致力於建立一個以多樣化為核心的社會，務求這些少數族群在政府諮詢委員會、私營公司董事會或其他各種不同社會組織都有發聲地位。

他們的功績包括 Gidumal 在 1997 年回歸前，成功為無國籍非華裔人士爭取到英國護照；他又與社工兼社運人士王惠芬合作，最終促使香港於 2006 年通過了反歧視法。

馬夏邁從事金融行業，後創辦了非牟利組織"社商賢匯"，以提升社會的多樣性。幾年後小彬紀念基金會成立，這是一個傑出的社會政策智庫組織和慈善機構。2009 年馬夏邁夫婦僅 3 歲的兒子 Zubin Mahtani Gidumal 突然離世，基金會便以他們兒子命名。Zubin 意思是"表揚或服務"。組織貫徹實踐 Zubin 之名，以消除窒礙平等機會的屏障，向政府提供政策意見，並創立培育人材計劃為其宗旨。

馬夏邁 1972 年出生於香港，外祖父是已故商界大亨夏‧佐治（George Harilela），即夏利萊（Hari Harilela）的長兄。

"我媽媽夏美娜（Mira Harilela），後來的馬美娜（Mira Mahtani）在香港出生；父親 Ramesh Mahtani 則生於信德省的海德拉巴（Hyderabad），來香港時他還是個孩子。"她說，"我父母的戀愛在我這一代人看來是很特別的。因為我爸是港島男孩，我媽卻是個九龍女孩，這在當時來說，可是個大問題。（當時）香港島和九龍之間距離遙遠。我們今天回想起來，還是覺得很有趣。"

說到她的背景，"我想我是夏利里拉家族較年長的孫輩之一。但是女孩和男孩的待遇區別很大。身為女孫和男孫也很不同，因為我不能繼承姓氏。在我們的傳統裏，我不得不承認，我覺得這個傳統是錯的，男孩繼承姓氏，按傳統得到一切相關利益，而他們有權評價你。

"普遍而言，我媽媽作為她那代第一個出生的夏利里拉孩子，因為是女孩，她結婚後將進入另一個家庭，所以她將不再是夏利里拉家族之人。成為女人後，你失去自己的身份，之後再獲得另一個身份，你屬於另一個家庭。"

今天依然如是。馬夏邁女士猜想在她所認識的信德女性中，她是極少數保留本姓的其中一人。

"對來自保守文化的家庭來說，選擇在自由氛圍下培養孩子，卻又期待他們將來採取較傳統的價值觀，無疑是個很高的要求。對，這的確有趣。我確實認為信德家庭結構是很父權的，而我卻跟一個思想自由的人結婚。我們彼此相愛，他的家族在香港歷史悠久。

"他父親在上海長大，他的家族比我的家族早一代人離開印度，他媽媽是個受過教育的工作婦女。而我 1972 年出生，1990 年上大學，對於兩邊的家族，就是我母親這邊的夏利里拉家族，和父親這邊的馬他尼家族而言，這（上大學）可是件大事。我要爭取多年才得到。"

馬夏邁回憶起她 13 歲在港島中學唸書時的小插曲。在一節歷史課上她被問到有什麼抱負？她說她要成為印度的總理。"他（老師）笑了，說：不可能，信德女孩的前途就是結婚。"

另一種形式的歧視，加強這對夫婦對平等的熱切追求。1993 年初，後來成為馬夏邁丈夫的 Ravi Gidumal，和朋友外出玩樂，正準備進入蘭桂坊一間酒吧。其他朋友都進去了，只有他在入口被攔下，並被告知這是個私人派對。雖然他知道香港有歧視問題，可從來沒有親身體會過，當發現種族歧視在香港居然沒有抵觸法律，震驚之餘，更促使他採取行動，他帶領印籍人士資源小組（Indian Resources Group）為香港以印裔為主的無國籍人士奔走，爭取在香港回歸時獲得英國國籍。他同時與社工王惠芬長期並肩作戰，為通過反歧視法孜孜不倦地努力。

"在我的成長路上，一直有不同種族的朋友，所以我雖然知道種族主義或者歧視的存在，卻沒意識到這問題有多根深蒂固。歸功於我父親，他架起了種族溝通的橋樑。20 世紀 50 年代，他以印度人的身份成為香港哥爾夫球會會員，實在不簡單，"Gidumal 說道。

1993 年 Gidumal 進酒吧被拒，這件事觸動了他。他和一位朋友大事宣揚，包括通告媒體，寫信給時任港督彭定康，到立法局申訴，就"種族歧視為何不違法"遊說政府。此事反響很大，一個關注到少數族裔回歸後將成為無國籍人士的團體找上了 Gidumal。這不僅關係到南亞少數族裔，其中也涉及俄羅斯人和中東人。

從香港到倫敦上議院，Gidumal 帶領的戰爭持續了 5 年。結果 1997 年 2 月 4 日通過《1997 年英國國籍（香港）法案》，讓香港非華裔少數族裔取得英國國籍。這是 100 多年來首個由上議院發起、下議院通過的英國法案。小組的努力，得到前港督衛奕信和麥理浩在英國的支持。

"基本上，我們只是少數人卻能打敗政府。一群年輕人走出來，某程度上，改變了歷史，我們改變了許多香港人的人生機遇。這事影響巨大。"

2003 年，馬夏邐成立"社商賢匯"，這是一個利用商業力量推動改變的非牟利機構。通過調查研究、多元名單（以少數族裔自薦名單形式邀請各行各業、有能力並合資格的少數族裔人士，向政府推薦加入政府的諮詢委員會）、啟發引導和授權員工確保工作地方達到多元共融的狀況。Gidumal 同時繼續為少數族裔爭取權利，包括和社工王惠芬合作，後者在推動 2006 年《香港反種族歧視條例》中發揮了積極作用。

"我極度尊重王惠芬和她所做的事情，"Gidumal 說。"她大半生不僅奉獻給立法事宜，並且盡力改變香港少數族裔的艱難處境。"但他說這需要不斷教育。

至於小彬紀念基金會，他說，"基金會的很多工作都圍繞著香港少數族裔，我們是一個相對較新的慈善機構，但是夏邐在這方面已經工作了很長時間，慈善真是她心之所向，激情所在。她的團隊在基金會的工作圍繞著少數族裔特殊教育需求，以至有關香港少數族裔的一般情況，嘗試為他們提供導師計劃，推他們一把。"

→ 馬夏邐女士和丈夫 Ravi Gidumal 與他們的孩子：Anya（左）和小彬（Zubin）。小彬三歲時不幸離世，故夫婦二人以其名字成立"小彬紀念基金會"。

雙語棟篤笑喜劇演員

阿 V

→ 阿 V 贏得全港中、英文棟篤笑大賽冠軍。

印度裔香港人阿 V（Vivek Mahbubani）剛剛抵達麥當勞道聖保羅男女中學，他是這次＂減壓週＂的早會演講嘉賓。學生在上課前，將可以大笑一回。今年 35 歲的阿 V，也許會在這裏啟發到下一代的棟篤笑演員。

阿 V 精通雙語——他是印度信德人，家住香港西營盤，在家說英語長大；他就讀本地學校，學習粵語和中文讀寫到小學六年級。＂我看得懂餐牌，也知道什麼時候會打 9 折！＂他說。

他出色的棟篤笑事業為他帶來殊榮，2007 年和 2008 年，他分別榮膺全港中文、英文棟篤笑大賽冠軍，同時擔任香港電台電視節目《香港故事》主持人。他更是香港 The TakeOut Comedy Club 的台柱。

他還經營自己的網站設計公司，棟篤笑事業起飛，橫越亞洲後，他現在只專注於棟篤笑。他剛從墨爾本喜劇節回來，在那裏演出一系列粵話棟篤笑。

＂我想說一個好的棟篤笑演員能從不同的角度觀察生活。所以棟篤笑不是讓你去過搞笑的生活，或者從一個搞笑的角度看待生活，而是說＇喂，等一下，從未這樣想過啊。＇然後用搞笑的方式呈現出來。這就是棟篤笑。＂他說。

他是家族的第三代香港人。＂我祖父和父親都是典型的做進出口生意的印度人，什麼賺錢便做什麼，賣這賣那。＂

＂他們告訴我，我父系來自加爾各答，母系則是孟買，就是這種不同地域的結合。但因離開已久，所以他們這個＇根＇，沒有其他比香港重要。很多人（從印度）來香港做生意，就像一個大家庭，香港有個這樣的笑話，就是所有印度人都互相認識。＂

他父母熱衷讓孩子學習粵語，所以阿 V 雙語皆通。＂這正正是扭轉的契機。我是印度人，在香港長大，說粵語和英語，而我的母語印度語和信德語卻沒那麼好。我聽得懂母語，有人對我吼叫時我也知道。但是如果我在印度，就得要經一番掙扎。

＂我父母認為，既然我在香港長大，學習本地語言非常重要，所以他們送我到一所中文學校。這時挑戰來了，那時候，融合非華裔學童的本地學校並不多，正因為這樣，他們對我就和對其他學生一樣——沒有特殊待遇。這幫助我真正融入了社會，和其他學生一樣學習中文，一起學習讀寫等等。＂

阿 V 說起自己回印度的時候，＂沒錯，我的確有歸屬感，我理解自己某些做事的方式，而且很快融合。但我喜歡並且沉醉於一種 '我好顯眼，格格不入' 的想法，這種想法讓我對生命有完全不同的視野。所以我在香港常常說笑，我可以是本地人，又可以是外國人，視乎情況而定。"

對喜劇新人來說，香港的 The TakeOut Comedy Club 是磨練新招的絕佳平台，但是他們主要以英語演出。所以阿 V 自行製作粵語棟篤笑。"我們的組合叫 '爆笑館'。我們定期在香港找場地做表演。我想（來演棟篤笑的）小朋友覺得，喂，我有趣事要說，我想試試看。

阿 V 的姊姊 Krishnaa，今年 38 歲，是個有博士學位的化學工程師。"我和我姐正好相反。她鑽研學術，我則更有創造力；她愛理科，我好文科。"

在阿 V 成長階段，父母很重視教育，為了學習，有時候他們會犧牲假期。他父母的婚姻由家人安排。

"在印度文化裏，婚姻由家庭安排很正常。" 他說。"不是因為我們懶得自己尋找伴侶，而更像是一種方式，幫我們瞭解對方的家庭，看看我們是否門當戶對。有些人說這種婚姻沒有愛，但是愛是可以隨著相處培養的，而不用擔心我愛她或他但我不喜歡她或他的父母，那樣的話會造成家庭不和。

"所以安排婚姻是很正常的事。父母到了一定年紀就會和你說，'仔呀，女呀，係時候結婚囉喎，去搵搵啦' 等等。我們就會問朋友，'喂，有冇單身朋友？會唔會有興趣？同佢地見吓面傾傾啦。' 這很正常。這就像閃約，但有更大結婚可能，而且是——馬上就結！

"我母親的家庭很保守，她在五兄弟姐妹中排行第三，兄姊結婚後，就輪到她了。"

阿 V 視自己為印裔香港人

"我不喜歡 '少數族裔' 這個詞。因為這自動把人分類。老實說，這是一個灰色地帶。每當有人提到少數族裔，他們的腦海裏就浮現出棕色皮膚的人。然而當見到我的白人朋友，我會問，他是少數族裔嗎？並不是。為什麼？嚴格來講他也是少數族裔。"

阿 V 在學生的早會演講上指出，許多被視為真香港的標誌——天星小輪、香港大學——都是由多個不同種族的人共同資助建立的。

"少數族裔這個詞聽起來就像我們周圍還有一群這樣的人。不，我們都是香港人，只不過你剛好是香港華人，我剛好是香港印度人。所以，我強烈建議這個詞應該更新了，而且我相信很快就會實現。"

小時候，阿 V 每星期日都會和家人一起去印度廟。
他覺得這種規矩及家人共度的時間很重要。"週
日是家庭日，是培養價值觀的時候。但我已經很
久沒去那廟了，我父母也沒叫我去。"他說，父
母的關注點都在他的學習上。"去寺廟不是為了
讓我信教而是讓我成為一個好人。"

Chapter

2

香港的
穆斯林

香港的
穆斯林

香港是為數 30 萬穆斯林的家，是 2006 年的三倍。其中印尼人差不多佔了
一半，大部分是家傭；其他 4 萬人是中國少數民族；3 萬人來自巴基斯坦；
還有來自中東、非洲和亞洲，包括印度的穆斯林。香港有 12,000 個本地穆
斯林家庭——先祖是南亞人和中國人的混血兒，他們是早期穆斯林移民娶本
地華人女子所生的後代，以穆斯林的方式培育。2016 年，穆斯林人口佔香
港總人口 4.1%，比 2006 年上升 1.3%。

香港印度穆斯林與香港關係深遠，是首批隨同英軍到港的士兵，還有就是
在印度運送鴉片貨輪上的工作人員——東印度公司商船的海員。第一批駛入
中國水域的英國輪船，就是往來加爾各答及亞洲其他港口包括日本的東印
度公司商船。這些海員於孟買和加爾各答登記工作。第一艘運送鴉片的貨
船 "紅河號"，由英國怡和洋行於 1829 年在加爾各答建造。有些海員在香
港定居下來，他們群居在摩羅下街，也叫摩羅街；顧名思義，也就是摩羅
人聚居的街道。就是在這條街上，他們舉辦了第一次宗教儀式。之後，穆
斯林家庭搬離此區，中國商人搬進來，售賣字畫古玩，現在，這片街區被
稱為古董街，或 "貓街（Cat Street）"。其他印度穆斯林主要來自旁遮普

→ 穆斯林在九龍清真寺祈禱。

（印度西北的一個邦），他們是以印籍英軍的身份來到香港的。對這些出身貧困農村地區的人來說，這樣一個職業是個改變命運的好機會。一旦服役期滿，他們就可以留在香港，也可以帶著積蓄回鄉，買地蓋房，結婚生子，組織家庭。

香港第一座清真寺是位於中環些利街 30 號的回教禮拜堂，建於 1850 年。殖民香港初建時，與軍人和海員一起到來的還有以珠寶玉石生意為主的印度穆斯林商人。他們向政府申請建造一座清真寺。1844 年 10 月 25 日的行

Chapter 2 —— 香港的穆斯林

→ 中午時份，一位穆斯林進入些利街清真寺做晌禮（下午一點）祈禱。

政局會議記錄了這次申請。1850 年 12 月，政府批出面積 46,860 平方呎的土地，租期 999 年，清真寺就建立在這片土地上。同年，共有 4 位託管人的回教基金總會成立，使用了 50 多年後，1915 年，清真寺拆卸重建，取而代之的是一座更大的、能容納至少 400 個信眾的清真寺。重建資金全部來自孟買門蒙（Memon）社區的艾哈吉（Haji Mohamed Essack Elias）。

直到今天，清真寺依然聳立，大廳可容納超過 400 信徒同時做禮拜。清真寺長 70 呎，寬 40 呎，高 20 呎，頂部設一座宣禮塔。2010 年 5 月，香港特別行政區政府將其列為一級歷史建築，接下來 3 年，為清真寺提供主要的修繕翻新費用。在香港殖民地早期，這座清真寺滿足了穆斯林海員、商人和 400 位在附近的域多利監獄守衛的需求。

根據政府記錄，香港第一個穆斯林葬禮是在 1828 年於跑馬地舉行。1870

→（上）跑馬地穆斯林墳場。

→（下）跑馬地穆斯林墳場的墓碑可追溯到 19 世紀。

年 7 月，政府在該區撥了一塊地給穆斯林用作墳場。香港穆斯林社群在墳場旁建造了一座小型清真寺。1938 年墳場擴建，保留至今，一戰中喪生的 6 人及二戰中逝世的 19 人均長眠於此。隨著英國在香港的統治逐步穩定，越來越多印度穆斯林移居香港，他們大部分來自旁遮普，多任職警隊和監獄，在碼頭當守衛，或當銀行職員，渡輪主管，為政府職員當司機和傭工等。印度南部的鑽石商人，特別是穆斯林，大量湧入香港，穆斯林社群持續壯大。社會地位方面，他們處於英國統治者和本地華人的中間位置。

→ 九龍的伊斯蘭中心

九龍第一個供穆斯林禮拜的地方是為英兵而設的。應他們要求，軍隊在柯士甸道和彌敦道之間的威菲路兵房劃出一個臨時地點供他們使用。而九龍第一座清真寺建於 1896 年，坐落彌敦道上，佔地 1,500 平方米，供穆斯

→ 九龍公園旁的九龍清真寺暨伊斯蘭中心。

林英兵使用。1892 年 5 月，這些士兵抵達香港，被安置在附近的威菲路兵房。清真寺的建造費由穆斯林士兵集資。1902 年，清真寺重新油漆裝修，加建了供信眾潔身用的水池，養種金魚植物，以保池水清潔；更設有教長（伊瑪目 Iman）居所；第一任教長沙慕華（MaulviGulab Shah）來自巴基斯坦北部旁遮普邦的城市阿塔克城（Attock）——時稱坎貝爾布爾（Campbellpur），以及設有供旅客住宿的客房。殖民地政府的支持使穆斯林軍人在為英國服役期間，也仍然可以堅守宗教本份，並維持信仰。

八十多年來，它一直是穆斯林進行禮拜的地方。1976 年，附近興建地鐵站，導致清真寺建築大面積損毀，工務司署將它列為危險建築物。回教信託基金總會遂申請建造新寺，1977 年 12 月申請獲政府批准。1980 年 1 月，舊寺被拆除；翌年 3 月，新清真寺建設工程開始。1984 年，香港政府重新規劃該區，興建了九龍公園，清真寺就在公園旁。

九龍清真寺暨伊斯蘭中心耗資 2,500 萬元，於 1984 年 5 月 11 日啟用，開放給每日祈禱的信眾。清真寺樓高三層，並有一層閣樓，能容納 3,500 名信眾每天祈禱五次，第一次約在清晨 5 時 30 分，最後一次約在晚上 8 時 30 分。經費從本地穆斯林籌集，又從中東國家募集了大量資金。清真寺入口處的牌匾列舉捐助者名單，當中包括香港華人穆斯林、阿聯酋國家銀行、伊拉克政府、吉達（沙地阿拉伯城市）團結基金會、巴基斯坦國家銀行、皇家沙特政府、吉達國家商業銀行、阿曼國際金融有限公司。回教信託基金總會同時收到港鐵對舊清真寺的賠償。

新清真寺位於南亞穆斯林聚居的尖沙咀，由孟買建築師卡迪（I.M. Kadri）設計，採用傳統清真寺風格，在鋼筋水泥的摩天大廈圍繞中分外突出。清真寺上層平台四角各有一座高 11 米的白色大理石宣禮塔；路面和外牆也鋪砌白色大理石。正殿可容納 1,000 人，另有兩個小廳專供每日五次的禱告使用。以烏都語（巴基斯坦官方語言）、英語、阿拉伯語、廣東話講道。清真寺頂部是一個直徑 5 米，高 9 米的穹頂。清真寺每年吸引近 100 萬遊客到訪。

建築內設有三個禱告廳、一個圖書館、一個廚房和社區活動大廳，男女孩各自的伊斯蘭學校，及男女分開的潔身區域。活動廳有多重用途，會議、講課、演講、禱告、婚禮慶典都在這裏進行。在重要的齋戒月期間，這裏搖身一變，成為大飯堂，每天為 2,000 多名穆斯林免費供應食物，費用由本地穆斯林社群承擔，活動事宜則由清真寺義工負責。齋戒月是伊斯蘭曆法中的第九個月，整個月內，穆斯林從黎明至日落必須禁食，不得吃喝、吸煙或進行房事；他們必須遠離那些可能會影響齋戒效益的惡事。齋戒月是清真寺一年中最忙碌的月份，除每天晌禮（中午禱告時段）後講解有關禮拜的課堂；還有下午 6 時 30 分到 7 時開齋之前，關於性格塑造和行為的簡短演說。每天大概晚上 9 時，教長會為 1,500 多名信眾背誦三十分之一的《可蘭經》。到齋戒月結束，就正好背完整本《可蘭經》。

2004 年和 2005 年，中心花費 1,400 萬元翻新，加設一個圖書館、一個會議室、一個管理辦公室、兩個教長辦公室和一個大廚房。圖書館有 4,000 多本藏書，包括阿拉伯語、英語、烏都語和中文。有介紹伊斯蘭教的書籍免費派發給穆斯林和非穆斯林。位於閣樓的潔身區改為兩間男女孩各自上課的伊斯蘭教室，裝上冷氣，可容納 200 多名學生。學生由合資格的老師教導，用阿拉伯語教授《可蘭經》。每天有超過 260 名學生參加可蘭經課程，已經有 1,000 多個孩子在中心學習熟讀整本可蘭經——因而得到 "哈菲茲"（hafiz）的稱號。該中心也為非穆斯林開設課程，並專門設立一個委員會負責傳教。

自 2001 年以來，目夫提‧阿薩德（Mufti Muhammad Arshad）一直是香港伊斯蘭總教長，"清真寺共有 16 位職員，包括 4 位教長，" 他在一次採訪中說道。（來源：2018 年 4 月 11 日的訪談）"4 位教長中，兩位來自巴基斯坦，一位來自印度，一位來自中國。我們有兩個班，每天大概有 300 名學生學習《可蘭經》，老師會講解經文內容和含義；又為非穆斯林開設了為期 3 個月的中英文課程。我們歡迎本地遊客來參觀清真寺。我們有學生導賞計劃，參觀過程中會回答他們的疑問。我們從收到的捐款中取出部分，幫助天災災民和有需要人士，比如敘利亞人、羅興亞人（緬甸最大的穆斯林群體），還有那些地震災民。這兒有一個穆斯林婚姻中心，由入境事務處授權我簽發結婚證書。我們為清真食物認證。我們還有一個伊斯蘭圖書館。

"每天五次的禱告大約有 2,000 人，每次有 500 至 700 人。這是東南亞最受歡迎的清真寺之一。在摩天大樓環繞映襯下，它顯得獨一無二、與眾不同。它既是一座歷史建築也是一座宗教建築，融合了傳統、宗教和文化。穹頂

→ 穆斯林在九龍清真寺暨伊斯蘭中心內祈禱。

和宣禮塔展現著伊斯蘭文化，主殿顯示出宗教的重要性。宣禮塔反映了歷史和文化，遠遠看到就已知道這是一個禱告的地方。在公共地址系統發明前，宣禮塔是召喚信徒祈禱的標示。四個宣禮塔和一個穹頂表明這是一座清真寺，同時喻示伊斯蘭教的五大支柱。"他說。

清真寺從黎明開放到深夜。最多人來朝拜的日子在神聖的齋戒月和開齋節期間，會有5,000人。在齋戒月期間，香港電台會播放30分鐘的節目，由教長和學者解釋《可蘭經》的涵意。這裏是香港唯一一個穆斯林可以註冊結婚的地方；由教長在清真寺主持儀式，並簽發政府承認的結婚證書。與其他清真寺一樣，它也是穆斯林的一個社交中心。

"穆斯林不管住到哪裏都會建一座清真寺，"教長說。"否則就看不出曾有穆斯林居住過。看到清真寺，就知道穆斯林曾在那裏居住。這是香港穆斯

林歷史的里程碑，是英國人給穆斯林社群的禮物，埋下了（印度）次大陸人的種子在香港，英國人給予宗教和言論自由，一個多元信仰的社會。"

尖沙咀區是香港的黃金地段之一，集中數以百計的商舖、酒店、餐廳及寫字樓。到來崇拜的信眾有來自南亞的印度、巴基斯坦、孟加拉和斯里蘭卡，以及中國、印尼和其他國家的穆斯林。它是尖沙咀的地標，是香港伊斯蘭教的最大象徵。

→ 跑馬地的清真寺

在香港島，穆斯林最大的禮拜場所是位於灣仔愛群道的愛群清真寺暨林士德伊斯蘭中心。1978 年 12 月，政府需要動用跑馬地清真寺範圍，修建道路通往香港仔隧道。政府把愛群道 40 號的土地劃分給社群作賠償，並出資 250 萬元興建新清真寺。加上香港伊斯蘭聯會提供額外資金，1981 年 9 月 14 日，一幢八層樓建築啟用。資金很大一部分來自奧斯曼林士德（Osman Ramju Sadick），該建築遂以他的名字命名。

清真寺大樓包括男女分開的禱告廳、潔身設備、教室、伊斯蘭餐廳、圖書館、給教長、可蘭經教師和伊斯蘭組織的辦公室、大小會議室和一個醫務室。地下是穆斯林社區幼稚園。該中心可容納超過 1,500 人。餐廳內，你可以看見香港許多不同面貌的信眾——華人、南亞人、馬來人、印尼人、阿

→ 在灣仔愛群清真寺暨林士德伊斯蘭中心內祈禱的穆斯林。

拉伯人和非洲人。印尼家傭是香港最大的穆斯林單一群體,灣仔愛群道清
真寺會在她們每周假期的星期天劃分一個給她們專用的地方,以她們的母
語印尼語進行活動。

清真寺的教長是祖籍中國北方山東省的楊興本,他在穆斯林家庭長大,從
北京中國伊斯蘭教經學院畢業後,前往伊斯蘭瑪巴德的巴基斯坦國際伊斯
蘭大學深造,因此除了普通話外,他還精通烏都語和阿拉伯語。當清真寺
在尋找一位教長時,由於香港的穆斯林群體來自不同的文化背景,他對中
國穆斯林文化和巴基斯坦的瞭解,使他成為非常合適的人選。任教長後,
他也學會香港的主要語言廣東話。

香港還有另外兩座清真寺。一座在赤柱——香港島南區最貴的住宅區。20
世紀 30 年代這裏建了一座監獄,穆斯林守衛搬到此處。政府給他們一塊地

→ 灣仔愛群清真寺暨林士德伊斯蘭中心教長楊興本。

供禱告之用，他們於是申請興建一座新清真寺。1937 年 1 月 1 日，在東頭灣道監獄內的清真寺啟用，內設有一個禱告廳、露台和天井，由守衛自己出資興建。每逢星期五，當天休班的穆斯林可以來這兒做禮拜。另一座清真寺 1963 年建造，坐落於歌連臣角柴灣回教墳場，可供信眾一天五次禱告。每個清真寺都有給年輕人講授《可蘭經》的課程，由老師指導學生背誦課文、學習阿拉伯語，並用自己的語言翻譯《可蘭經》。

→ 回教基金總會

這五座清真寺和兩處回教墳場由香港回教信託基金總會擁有和管理。1850年 9 月由殖民地最高法院正式註冊。近兩個世紀過去了，它仍然是本地穆斯林社群的主要代表，獲特區政府認可；遇到有關穆斯林的問題時，特區政府會向它諮詢。它組織跨宗教對話和傳教；為香港及內地食品供應和製

→ 灣仔愛群清真寺暨林士德伊斯蘭中心內，馬超興給弘立書院的伊斯蘭學生授課。

造商發放清真食品認證；安排主要節慶活動，並提供伊斯蘭教育。

造福社會是伊斯蘭教的一項義務。香港回教信託基金總會營運"天課（Zakat）"和"佈施 (Sadaqa)"兩個基金，藉此幫助有需要的人，包括在囚人士和受天災影響的災民。經懲教署批准，委員會亦安排教長前往監獄探訪穆斯林囚犯，給予宗教指引及聯合禱告，觀察齋戒禁食儀式。麥加朝聖是伊斯蘭教的五個基本支柱之一，基金董事局設有一個委員會，每年組織一群穆斯林從香港前往麥加。朝聖者出發前會先接受培訓，以熟悉朝聖的不同步驟。

→ 和諧社會

與世界上許多城市不同，香港有幸擁有和諧的宗教和社區關係。蒙上帝恩寵，它仍然沒有被伊斯蘭原教旨主義和西方暴力報復的浪潮波及，而過去 20 年來，許多國家都在這浪潮中受到重創。這是香港回教信託基金總會主席金志文（Qamar Zaman Minhas）在《香港穆斯林社區》（*Muslim Community Hong Kong*）一書中要傳遞的信息。"香港是一個多元文化城市，多種族的人生活在和平、和諧的氛圍中。包容所有宗教和族裔的風俗和傳統，是這座城市都會哲學之美，也是其持續成功的關鍵因素。估計有 30 萬穆斯林居住在 750 萬人口的香港心臟地帶……基金董事局能夠為不同的穆斯林群體創造合適的環境，讓不同的穆斯林群體和睦共處。由於最近全球政治的變化，造成目前形勢艱困，顯然極需要大家團結起來，讓不同社區和平共存。"

書中續道："香港是一座多種語言、文化、宗教的城市。它成功和美麗的秘訣在於高度多樣化的環境，不同信仰的人有充分自由過自己的生活，可自主信奉自己選擇的宗教。人與人之間互相瞭解、通力合作，是這座城市和平繁榮的關鍵。九龍清真寺已與香港跨宗教網絡合作，多次在清真寺舉行跨宗教會議。三年來，香港大學一直在組織宗教間對話，穆斯林、基督教和猶太教學者都積極參加。總教長阿薩德目夫提兩次代表香港穆斯林社群出席……我們感謝特區政府和穆斯林社群保持緊密友好的關係，讓我們有自由和權利奉守自己的宗教。過去 175 年，穆斯林在香港過著和平的日子。我們更感謝政府撥了兩塊地建造新伊斯蘭中心。"

作為一個居住地，香港對穆斯林及其他少數族裔甚為有利。他們有完全的信奉宗教自由，可以按自己的飲食規矩進食，隨心打扮，保守或時尚，戴不戴頭巾都可以。在某些國家，婦女必須佩戴頭巾；而在另外一些國家，在某些特定地方卻不容許戴頭巾。在香港穆斯林可以按照自己的意願做運動，安排社交和娛樂。穆斯林女性可以自主選擇接受教育和培訓；可在一些穆斯林國家，她們必須待在家裏，不能接受高等教育，生活和事業選擇有限。香港更是世界上最安全的城市之一，擁有一流的公共交通系統。不像在歐洲的許多城市，香港穆斯林不會面臨受公然侮辱或攻擊的威脅。香港的清真寺數量不足——但這是由於穆斯林人口突然大量湧入，地價極高及許多信眾又相對貧窮的緣故，而不是因為政府或公眾反對建造清真寺。和西方很多地方不同，這裏沒有"伊斯蘭威脅"論。香港居民享有信仰自由，不同的宗教團體都可以和平共處。

→（上、下）2018 年 6 月 15 日，穆斯林於維多利亞公園慶祝開齋節。這個日子標誌齋戒月的結束。

→ 清真寺數量不足

香港清真寺的數量遠遠不能滿足需求。根據一份 2017 年 12 月由立法會秘書處資料研究組發佈的《香港的宗教設施》資料便覽,香港穆斯林人數在 2007 年只有 9 萬,到 2016 年已達 30 萬。香港有 1,446 間基督教堂,94 間天主教教堂,相比之下,服務穆斯林的官方清真寺僅有 6 間。6 間清真寺中,4 間在香港島,2 間在九龍。但於 2016 年超過半數巴基斯坦和印尼人居住的新界,卻付之闕如。面對清真寺短缺,穆斯林把住宅變成了禮拜場所;他們甚至利用元朗的建築地盤作臨時禱告地方。主要原因是香港地價高昂,穆斯林社群收入相對較低;他們大部分當家傭、保安及地盤工,入息有限。與一些歐洲國家的情況不同,公眾不反對修建清真寺;更沒有助長反伊斯蘭情緒的"聖戰者"威脅公共安全論。

→ 一名穆斯林在香港金山郊野公園祈禱。

　　　　　　　　　　　　　　　　　　　　Chapter 2 ── 香港的穆斯林

對虔誠穆斯林的要求之一是每天祈禱五次。對於在工廠、店舖、地盤或其他僱主非穆斯林同胞的工人來說，這並不容易。大多數香港公司不願意讓員工定時離開工作地點作禱告。數以萬計的印尼家傭則面臨著不同的挑戰——根據香港法例，她們必須住在僱主家裏並遵照指示。她們的職責包括為僱主預備食物。由於豬肉是香港最受歡迎的食材之一，即使她們自己不吃，也經常要遵照要求準備這食材。儘管她們不願意處理這種"不潔"食物，但也必須按照吩咐去做。她們每天要為僱主履行很多職責，很難遵守所有伊斯蘭儀式和節日的要求。

→ 教長

阿薩德（Mufti Muhammad Arshad）是土生土長的巴基斯坦人，2001年應邀來港時，正在巴基斯坦空軍服役。他會說烏都語、英語、阿拉伯語和旁

→ 總教長阿薩德在九龍清真寺暨伊斯蘭中心朗讀《可蘭經》。

遮普語。"2001 年,我在巴基斯坦空軍,我覺得這是個好機會,這工作讓我有發展空間。他們請我做了一個演講。先是兩年合約,之後再簽兩年,後來就變成終身合約了。我有香港護照和永久居住權。我有四個孩子,最大的 26 歲,最小的才 2 歲。他們在這裏上學,在這裏定居。我們把香港當作自己的家。我每年會去巴基斯坦一到兩次。如果你大部分時間都待在一個地方,就很難適應在其他地方生活。我有時想返回老家,但被妻子否決了,她在這裏非常開心。除非有強大的背景,很少巴基斯坦人離開後又回到故土生活。在巴基斯坦,教長的角色不如這裏重要。"作為香港穆斯林社群的領袖,他經常被請去調解和處理敵對團體或家庭間的事務,盡力使家庭糾紛可以庭外和解。

他讚揚英國人對香港伊斯蘭教的支持。"香港共有五座永久性清真寺,全由英國人批地興建。在殖民時期,英國人在亞洲多處建造清真寺。我在其他國家也看到過,比如馬來西亞和新加坡。我們應該感謝英國人撥出土地,讓我們建造清真寺和回教墳場。"他說,穆斯林對這個城市作出了重大貢獻。"在 1997 年之前,香港的大型工程,如主要橋樑和機場,少不了他們的參與。穆斯林也在各行各業工作,如醫生、教師、工程師、警隊和懲教署。"

教長認為他的使命是讓更廣泛社群瞭解穆斯林的延伸。"我參與跨宗教對話和會議;我們還參加地方論壇,討論關於伊斯蘭教和跨宗教對話的議題。"這些都是在清真寺和香港大學進行的。他的使命是維持香港寶貴的社區和諧,避免受已經摧毀了世界上許多城市的極端暴力主義影響。"我們與猶太人、佛教徒、印度教徒和基督徒等其他信仰的人有聯繫。在其他國家不同宗教間存在問題,但我們必須把問題留在那裏,而在這裏和諧地生活,我們必須證明我們是和平的人。香港是個好地方,有宗教和言論自由。我們必須竭盡所能。"

他曾參加經警方批准的示威遊行。"2001 年 9 月 11 日之後,我參加了美國商會主辦的'911'死難者的追思會,香港行政長官、香港美國商會及美國領事館代表也有出席。香港的制度良好而可行,我們必須維護。這有利本地人。"他還參加了和平抗議,反對那些他認為有辱他宗教的事情。其中一項是反對幾年前在美國發生的焚燒《可蘭經》事件。"這次基督教的人和我們聯手。我們共有 5,000 人在遮打花園。這並非針對任何特定國家或人民，而是表示我們尊重所有的聖書，要求大家尊重《可蘭經》。我們還對丹麥的先知漫畫進行抗議。是，有時候我們中有些人很生氣，要他們保持冷靜確有挑戰性。我們要展現的，是香港的穆斯林在憤怒下仍然是和平的。我們不能敗壞穆斯林之名。"

回歸以後，一些穆斯林的境況變差。"1997對我們的社群影響很大，人心惶惶。好幾千人離開，移居到英美和澳洲。許多人曾經持有印度和巴基斯坦護照，他們後來能拿到英國護照。他們搬到英國去了。那些留下來的人必須更努力掙扎。大多數人在做低層工作。香港生活成本高，城市擁擠，價格昂貴，生存不易。許多人打兩三份工來維持生活。相比下，英國更便宜，生活更容易，賺的錢足夠支付住房和生活所需。有機會，他們會去那裏。"

這一變化的一個主要原因，是政府職位對中文書寫和口語能力有嚴格要求，而在 1997 年前，政府是穆斯林社群的主要僱主。"從 1997 到 2015 年，再沒有南亞人加入香港警隊；因為有中文要求，他們沒有聘用任何南亞人。"他說。

這是一個複雜的問題——為什麼大多數少數族裔，包括穆斯林，都沒有高水準的中文閱讀和書寫能力？這是城市教育系統還是個人自身的責任？

"責任既在於個人和家庭，也在於政府，" 教長說。"但政府責任更大。政府應該承認非華裔是制度的一部分。它應該確保那些從學校畢業的人能好好掌握中文，政府應該強制所有學校教中文。否則，就向那些不懂中文的人提供職位。在百貨公司、地鐵和巴士，你只會看到華裔員工。那些不需要精通中文的工種，應該向非華裔人士開放。應該有屬於他們的空間。"

→ 印巴分治

歷史上，居港的印度穆斯林並不如他們的同胞，特別是巴斯人、錫克人和信德人那樣富有或成功；在全球商業網絡的幫助下，他們許多人在商貿上得益不少。1947 年，英屬印度實行印巴分治，將原來的印度分為印度與巴基斯坦兩個獨立國家，釀成了國家悲劇。1,400 萬人依宗教區分而移徙，成千上萬人死亡；有估計死亡人數達 200 萬。在分治之前及其過程中，社

→ 一名工人以肩抬著貨物，走過葵涌的街道。

群間的暴力損害了兩國的關係，其影響一直持續到今天。大多數被遷徙的
人得放棄他們的土地、家園和財產，在一個陌生的地方白手起家，開始新
生活。印巴兩國進行了四場戰爭、引發多次邊境衝突和軍事對抗；兩國都
發展了核武器，以互相抗衡。

幸運的是，這衝突並沒有波及香港南亞社群，他們之間並沒有暴力。"印
度和巴基斯坦之間的戰爭完全沒有影響到這裏，" 楊興本教長說。主要的
變化，是居住在這裏的印度穆斯林必須選擇他們希望歸屬哪個國家。大部
分人選擇了穆斯林國家巴基斯坦，他們和其後裔就使用該國的護照。少數
人選擇保留印度國籍，現在城中印度穆斯林的數量不足 5,000 人，相比之
下，巴基斯坦穆斯林有 3 萬人。"印度遊樂會內有不同信仰的人，"楊教
長說。"穆斯林和印度教徒、錫克教徒和睦共處。出於對穆斯林的尊重，
餐廳是清真的，遊樂會的主席也是穆斯林。"他說遊樂會 100 周年會慶時，

雙方都有出席。"成立於 1917 年的遊樂會坐落銅鑼灣加路連山道,會員不論國籍。它提供種類繁多的體育設施,包括網球、保齡球、足球、羽毛球、曲棍球和板球。會內的酒吧和餐廳供應印度和中國菜、酒類和無酒精飲品。

印巴分治對香港主要的影響是在經濟方面。數以萬計人的生活被瓦解,催使一些人到來尋求更好的生活。"分治後,來自巴基斯坦的人主要當勞工和門衛,而不是商人。在 1997 年回歸之前,要進入香港仍然很容易。"楊說。

→ 回歸

1997 年香港回歸中國,對這城市的穆斯林社群產生了重大影響,對其他南亞人亦然。香港從英國殖民地回歸中國後;儘管英語仍然是官方語言,中

→ 在屏富徑坐下聽著耳機的男人。

80

文卻成為了更重要的語言。一些穆斯林移居美國、澳洲和其他地方；獲得英國護照的，則去了當地；極少數去了巴基斯坦。

英國統治時，政府是穆斯林的重要僱主，聘他們任警察、監獄及其他機構人員。但 1997 年後，政府對公務員申請者提出了更高的中文讀寫要求；大多數穆斯林和其他南亞人一樣，無法達到這個標準。正如教長所解釋的，由於這一要求，1997 年至 2015 年期間，沒有南亞人加入香港警隊。回歸後，低技能人員很難進入香港。楊教長說：“從回歸以來，（巴基斯坦人）進入香港變得非常困難，他們需要有資金和擔保人。有些人付給蛇頭數千美元從深圳偷渡，非法入境。由於中巴關係密切，巴基斯坦人很容易進入中國。他們先去廣州和深圳，然後找機會來這裏。”因此，巴基斯坦社群主要是 1997 年之前就到香港的及其後裔。“他們比印度人更窮。”

→ 語言

在香港，來自南亞的穆斯林在語言上面臨巨大挑戰。在家他很可能是說母語，大概是烏都語或旁遮普語。在清真寺，他必須以古阿拉伯語學習《可蘭經》，熟記聖書的章節是虔誠的標誌，最光彩的是能夠記住整本書。他就讀的學校有可能以英語授課，所以他也必須精通英語。但是香港超過 90% 的人口講粵語，寫中文，中文是政府部門、商業貿易、教育和學校通告主要語言。中文字要一個一個的學；沒有字母表。中國的國語是普通話，和粵語基本上使用一樣的中文字，但是兩種方言無法相互理解。普通話在香港使用得越來越多了，尤其是遊客、商人和大陸來的移民。對於長居香港的人來說，粵話始終是最重要的溝通方法。

穆斯林年輕人怎麼才能適應這巴別塔？（巴別塔，源自《聖經·舊約·創世記》裏的典故：人類聯合起來興建希望能通往天堂的高塔。為了阻止人類的計劃，上帝讓人類說不同的語言，使人類相互之間不能溝通，巴別塔隱喻為語言隔閡。）他一天中能有多少時間去學習這幾千不同的詞彙和相應的書寫體？他個人和社交生活很可能以家庭和社群為中心，他要面對很大的家庭壓力，要他在自己的社群中尋覓配偶；就算不在自己的社群，起碼也要是個穆斯林，而不是非信徒。這迫使他只能一直在和自己人打交道，因而與華人接觸有限。

→ 上）一名巴基斯坦裔司機在貨車內以傳統飾
  物做裝飾。

→ （下）Bismillah Kebab House 的廚師。這家
  餐館位於重慶大廈內，提供清真食物。

另一個限制是飲食習慣。一個嚴守教規的穆斯林不應該喝酒，及只吃清真
食品，即按照伊斯蘭教規準備的食物。這在香港並不容易。對於本地華人
來說，豬肉是最重要的食物，而穆斯林是嚴禁吃豬肉的。此外，他用的食
具器皿不能接觸豬油或豬的任何衍生物，因此唯一安全進食的地方只有在
家或教長核定的清真餐廳。

在香港，這種餐廳數量有限。麥當勞是受穆斯林歡迎的連鎖餐廳，它提供
的食物絕對不含豬肉或豬油。

還有一個限制是穆斯林只認得少數漢字，看不懂餐牌又怎麼能點想吃的東
西呢？這些飲食上的規限，大大影響年輕穆斯林想提高對中國人和中文的
認識。正如世界上其他地方，在香港，聚餐是最重要的社交活動。作為世
界上其中一個美食天堂，不分晝夜，香港都能提供各式美食佳餚，你可以
邀約親友共進早餐、午飯、晚宴，無論是豐筵或小吃。但是一個嚴守教規
的穆斯林必須拒絕許多這類邀約，因為他不能確定飯桌上的食物是不是"清
真"的。這些飲食規條和滴酒不沾的限令，是穆斯林與華人發展社交關係
的障礙，阻攔他們瞭解中國人的語言、文化和社會。

→ 教育

對香港穆斯林父母來講，送孩子到哪裏上學是一個複雜的問題。如果想讓

→ 來自尼泊爾的 Shreya Gurung 和來自印尼的 Arsy Nur Dinarti 在伊斯蘭脫維善紀念中學午飯休息時間聊天。

孩子接受伊斯蘭教育，他們可以選擇中華回教博愛社轄下的五所學校之一。博愛社成立於 1922 年，目前營運兩家幼稚園、兩所小學和一所中學。它們教授和其他本地學校相同的課程，並添加穆斯林元素，包括教授伊斯蘭教、提供清真食物和穿伊斯蘭式校服。問題是學校少，相隔遠，沒有提供從幼稚園到高中的"直通車"。別的選擇就是報讀主流官立學校，但它們大部分是用粵語教學；又或者從香港 48 所國際學校中挑一所，這些學校用英語或其他外語教學，但費用遠遠超出大多數穆斯林家庭的預算；再不就是去政府為少數族裔兒童指定的 30 所學校之一，它們以英語為教學語言。

香港教育局的官網上說會致力協助所有非華語學生適應本地教育制度，並盡早融入社會。"部分非華語學童在融入本地教育體系時出現了一些學習和適應上的困難，需要學校、老師和家長更多的關愛和幫助，才能盡快適應本港的學校制度和融入社會。教育局就這些非華語學童常見的學習和適

→ 伊斯蘭脫維善紀念中學的學生在課堂上專心聽講。

應上的需要，提供了多項服務來支援學校行政人員、老師及家長去幫助學童。這資訊平台，正是教育局希望透過電子網絡的渠道，讓關心非華語學童教育的學校行政人員、老師、家長和公眾人士能更快及更直接獲得所需的資料及資源。"

為協助推行支援計劃，該局向這些指定給少數族裔學童就讀的學校，提供財政資助。約 60% 的非華語學生在這些指定學校就讀。

香港政府的官方資料顯示，只有數量極少的少數族裔兒童考入大學。平等機會委員會 2012 年的一份報告指明，少數族裔學生，不包括白人，佔學前兒童總數 3.2%，但佔高中生的比例只有 1.1%，受高等教育的學生更只有 0.59%。2001 年成立的香港非牟利機構融樂會致力為少數族裔服務，根據該組織的統計，每年只有 1% 的非華語學生進入本地大學，而主流學校學

→ （上）伊斯蘭脫維善紀念中學的女學生在 吃午餐。

（下）伊斯蘭脫維善紀念中學的學生在午
→ 飯時間休息。

生則超過 20%。一個主要障礙是少數族裔學生的中文講寫能力不足。"許多少數族裔跟我們反映說，如果只會英語不會中文，在香港職場競爭越來越難，獲取機會和資訊也越發不易，"融樂會官網如是說。"書寫中文和口說粵語是香港最常用的語言。我們認為政府有責任提供足夠機會和支持，去幫助少數族裔熟習中文，特別是在公共教育系統……更好的辦法是少數族裔和中國學生融合一起，就讀相同學校。這樣會提供更好的中文語境，幫助少數族裔學生更好地理解主流社會和學習中國語言。"因此，對穆斯林父母來說，讓孩子學好中文的最好辦法，就是送他們去以粵語為主要教學語言的主流學校。

這是個複雜問題。香港教育體制競爭激烈，許多學生因為考不上本地大學而去海外升學。為了幫助孩子學習，許多華人家長會請補習老師在晚上和週末給孩子進行一對一課外輔導，特別是在考試期間。華裔兒童在家說粵語，寫中文，而巴基斯坦孩子說的是母語。他們的父母可能沒能力幫他們學習英語，更別說中文了；長工時讓他們已沒時間和精力去幫助子女學習。平機會在 2018 年 3 月發表的一份報告顯示，超過 70% 受調查的主流幼稚園中，完全或幾乎把非華語學生家長拒諸門外；這些幼稚園只提供中文資訊，即使有英文，其資訊量也只達到最低法定要求。儘管政府禁止歧視非華語學生，甚至會提供額外資助予招收 8 個或以上非華語學生的幼稚園，但許多幼稚園並不願意。對它們來說，這意味額外的工作和教職員編配，去幫助非華語學生，特別是在學習中文上。同樣的，華人家長寧可子女就讀主流學校，而不想去那些為非華語學生指定的學校；這是更安心的選擇，而且似乎令子女更容易進入大學或去海外升學。結果是，大部分少數族裔學童用英語上課，儘管許多人會說粵語，但中文書寫能力依然不足，無法考入對中文有高要求的大學，也讓他們與大多數政府工作無緣。

對許多香港人來說，提高語言能力取決於少數族裔自身。他們辯說，如果中國人移民到英語或法語國家，他們必須學習新國家的語言。香港到處都是學校、機構、老師，還有提供中文課程的網站，少數族裔，包括白人，應該好好利用這些課程，而不是抱怨自己中文不夠流利。

2016 年人口普查公佈的官方資料顯示，要把少數族裔和華人的水準等同起來，還需要做很多工作。少數族裔佔總人口的 8%，如果把外籍家傭排除在外，則是 3.6%。少數族裔中的貧窮率達到 19.4%，比 2011 年上升了 15.8%，這裏面巴基斯坦人和尼泊爾人是最窮困的。5 至 14 歲的兒童中，64.3% 可以看懂中文——儘管其閱讀能力不如同齡華裔兒童。平機會主席陳章明在《南華早報》撰文稱，"年輕一代必須獲得全力支援，才能在平等的基礎上加入職場。目前，許多少數族裔只懂基礎中文，許多僱主認為並不足夠……他們需要提高中文能力。現時情況不盡如人意。" 2018 年 3 月 11 日，政府宣佈降低 22 類政府職位的中文水準要求，隨著要求降低，職位種類自 2010 年來增加至 53 個。最新的 22 類包括程式編制主任、庫務會計師和實驗室服務員。據說，在過去的六年中，共有 60 個南亞裔成為警務人員和警務督察。

當一位精疲力盡的巴基斯坦學生盯著漢語字典時，他可能會質疑這一切是否公平。大多數住在香港的白人幾乎聽不懂粵語，他們在這裏生活了幾十年連一句粵語都不會說，一個漢字也不會寫。如果真要學中文，也似乎應該是學中國國語的普通話。"為什麼我得學這些，鬼佬就不用學？"這學生問。

答案是大部分白人活在另一個世界。他們在私營機構或粵語不是必須條件的公司工作；他們和其他白人及說英語的華人交往娛樂。但是歷史和命運置這學生和他的家庭於香港另一個角落，對他來說，掌握粵語和中文對未來至關重要。

1. 2018 年 3 月 20 日與楊興本教長訪談。

2. 2018 年 4 月 11 日與 Mufti Muhammad Arshad 訪談。

3. 《香港的穆斯林社區》（Muslim Community Hong Kong），香港回教基金總會（the Incorporated Trustees of the Islamic Community Fund of Hong Kong）出版。

4. 《香港的伊斯蘭》（Islam in Hong Kong），香港首席教長 Mufti Muhammad Arshad 著。

5. "香港的宗教設施" 資料便覽，立法會秘書處資料研究組發佈，2017 年 12 月。

6. 《香港的南亞少數族裔》（Understanding South Asian Minorities in Hong Kong），陳錦榮（John Nguyet Erni）、梁旭明（Lisa Yuk-ming Leung）合著，香港大學出版社，2014 年。

7. 《香港伊斯蘭簡史——中國國際城市裏的穆斯林日常生活》（Islam in Hong Kong – Muslims and Everyday Life in China's World City），Paul O'Connor 著，香港大學出版社，2012 年。

8. 《在那工業背後的色彩斑斕——葵涌跨文化區傳承故事》（Beyond the Hassle and Hustle – Stories of Kwai Chung Cross-Cultural Community），香港聖公會麥理浩夫人中心少數族裔服務部出版。

終極犧牲
的英雄

安薩里上尉

→ 安薩里上尉的墳墓安置在赤柱國殤紀念墳場。

1943 年，安薩里（ Mateen Ahmed Ansari ）上尉因為堅持效忠英國及拒絕遊說手下士兵向日本人投誠，在赤柱海灘被日軍斬首，終年僅 26 歲。儘管本人是個熱熾的印度民族主義者，安薩里被日軍俘虜時，正在英軍服役。

由於他的正直和堅忍，逝世後，獲英國追授喬治十字勳章。

安薩里 1915 年生於印度海德拉巴市，是家中的第二個兒子，父親 Begum Ansari 是安得拉邦（Andhra Pradesh）奧斯馬尼亞大學（Osmania University）的教務主任。據說安薩里孩提時從黑死病和霍亂中死裏逃生，後來上了大學，之後在德拉敦的印度皇家軍事學院接受訓練。

在英屬印度軍隊參軍後，安薩里被派往桑德斯（Sandhurst）的英國皇家陸軍官校受訓，獲授予國王委任狀。1940 年末他來到香港，服役於印度軍團第七營第五連。

1941 年 12 月 8 日，日本軍隊入侵香港，安薩里和他的連隊正駐守鯉魚門附近的魔鬼山，整個團堅守陣地長達一週，之後從九龍撤到香港島。1941 年 12 月 25 日，英國人投降，安薩里選擇與部下共同進退而不去軍官營地。

他同時是英軍服務團的一員，該組織成立於中國南部，旨在幫助英軍及其盟友撤離。

起初，日本軍隊對安薩里還算不錯，然而當知道他是個貴族後，便開始施壓，要他勸說部下加入日本印度國軍。儘管是個熾熱的民族主義者，他拒絕了。

1943 年 5 月，他被禁閉在赤柱監獄，飽受飢餓折磨。1943 年 9 月，他被送回普通戰俘營，但仍然繼續組織抵抗活動，又幫助獄友逃跑。於是他又被送進監獄，再次受磨難。

同年 10 月 29 日，安薩里被帶出隔離囚室，和其他超過 30 名的印度、英國和中國戰俘同時執行死刑，在赤柱沙灘遭斬首。

據穆斯林軍事協會（英國）記錄，《印度時報》（The Times of India）在 1945 年的報導，在醫療軍艦英國 "皇家牛津郡號" 治傷的 330 位獲救的印度人中，有好些人表揚安薩里上尉，稱他為 "香港戰俘營最偉大的英雄之一"。

安薩里安葬於赤柱軍人墳場的集體墓地。1946 年 4 月，他獲英國國王喬治六世追授喬治十字勳

→ 日軍為印裔軍人進行搜身。印籍軍人是香港保衛戰的中堅力量之一，1941 年 12 月 25 日英國投降後他們淪為戰俘。

章。1946 年 3 月 18 日的《倫敦憲報》（London Gazette），說安薩里 "以非凡的勇氣、勇敢的方式執行危險任務，他獲得喬治十字勳章，實至名歸。"

他的獎章陳列在巴基斯坦拉瓦爾品廸（Rawalpindi）的巴基斯坦軍事博物館。

1.　穆斯林軍事協會（英國）。

2.　Peter E. Hamilton Dictionary of Hong Kong Biography，May Holdsworth and Christopher Munn 編纂，香港大學出版社，2012 年。

3.　《維多利亞和喬治十字勳章綜合指南》（The Comprehensive Guide to the Victoria and George Cross）。

人權
捍衛者

→ 包致金法官在赤柱家中書房。

包致金（Justice Kemal Bokhary）因他悠久而出色的大律師和法官職業生涯，在香港享負盛名。1997 年香港回歸後，他成為審理本地法律事務最高法院——香港終審法院常任法官。他生於 1947 年，1970 年及 1971 年分別獲得英國及香港大律師資格，1971 到 1983 年擔任初級大律師，1983 到 1989 年為御用大律師。1989 年出任高等法院法官，1993 年獲委任為上訴庭法官。他是終審法院的創始法官之一，1997 年 7 月 1 日成為終審法院常任法官。2012 年到了退休年齡，擔任非常任法官至今。

他又編纂香港的核准法律報告和一些教科書。他已出版了 5 本書，目前正在埋首於第 6 本著作。他妻子（前高院法官包鍾倩薇）最近剛退休，以後她將每年有兩個月回到高院聽審案件。包致金法官稱這些是他們的"兼職"。他說，他們的"全職"，是當 5 個孫兒慈祥的外祖父母。他們有 3 個女兒，現在又有了 5 個外孫。他說，含飴弄孫可以學到新技能，他們把孫兒們當作生活的中心。

結婚 41 年，包致金法官引用他的回憶錄 *Recollections*（Sweet & Maxwell 2013 年出版）的結語一段來描述他對妻子的感覺："比起跟我給她那破碎的應許，她值得擁有更好的。很久以前，我承諾會一起白頭到老。的確，我們還在一起；我也確實老了。可她還像我們相遇時那麼年輕漂亮。"

包致金母親一族祖上是商人，他們從中東出發，渡過印度洋，穿過馬六甲海峽進入南中國海，最後到達香港。他的外高祖父（他外公的祖父）到達香港後約十年，英國人才開始統治香港。外高祖父和一個中國女士結婚了。包致金法官母親的本姓是夏佳理（Arculli）。曾服務立法局及行政會議的資深律師夏佳理（Ronald Arculli），是他的表兄。包致金法官夫婦是在張奧偉爵士御用大律師事務所相遇的，當時他們與夏佳理先生（他成為律師前是大律師）一起做見習律師。

包致金法官的父親一族，祖上定居在烏茲別克的博加拉（Bokhary），姓氏便源自該城市。後來移居到阿富汗的賈拉拉巴德（Jalalabad），於是有了"賈拉里（Jalali）"這個姓。他們繼而又穿過開伯爾山道（Khyber），移居到今天巴基斯坦西北邊境省的白沙瓦城（Peshawar），又把姓氏改回 Bokhary。"我們意識到，"他說，"不能每次搬家都改姓。"

包致金法官是家中第二個兒子，他有一個兄長和一個妹妹。父親包大衛（Daoud Bokhary）先生已近百歲高齡，曾在九龍倉公司工作多年，後成為一名股票經紀。包大衛先生曾在英屬印度軍隊服役，參與過緬甸戰役，二戰結束後以英國自由軍的身份來到香港。他在此遇見了他未來的妻子 Halima Arculli。關於母親，包致金法官說，"她是個英勇無畏的女性，在日佔時期的香港，她是一位人權運動家。"

包致金法官的父母婚後曾在白沙瓦定居過一段時間。但他母親非常掛念她的一個感情甚篤的姐妹Rahima Ismail，希望返回香港。"當時我父親自己也不確定能否適應香港的城市生活，"包致金法官說，"但他做了男人該做的——給妻子想要的生活——結果一切都好。"至於他母親的姐妹，包致金法官說，"她是個了不起的人，對我的人生影響很大。她的丈夫 S. A. Ismail 是我所認識的人中是最紳士，最友善的。"

"在我成長的過程中，父親一直在九龍倉公司工作，"包致金法官說，"每四年他有 6 個月的探親假，我們就會去白沙瓦。"

"作為混血兒，我在白沙瓦和在香港一樣都是少數族裔，"他說。"事實上，少數族裔的身份於我無損，但絕不是說每個少數族裔都是這樣。一般而言，已經戰勝挑戰的人不應假想其他人無需幫助也能克服困難，這就是為什麼我深深體會到不僅必須充分推行公民和政治意義的人權，還應全面實踐社會經濟性質的權利，包括教育、住房、醫療和社會福利。"

他亦對民主政府堅信不疑。他深信在香港要實現這一點還有工作要做，他認為要追求更多民主與人權，遊說比批評更見效。

身為穆斯林的包致金法官，能看到其他宗教和哲學的好處，意識到執行《基本法》就是執行世俗憲法，而不是托馬斯・阿奎納（St. Thomas Aquinas，中世紀神學家，自然神學最早的提倡者之一，被稱為"神學界之王"）所說的"內在事物"。

包致金擔任高院法官時，為 1993 年元旦發生的導致 21 人死亡的蘭桂坊人踩人事件，作調查報告，當中有包致金為避免類似悲劇再次發生作出的指引。

他在終審法院審理過的案件包括有關居留權的案件，當中法院解釋《基本法》，支持居留權申請人，之後全國人大常委會重新釋法。他說，釋法後，法院不受干預變得至關重要，同時表明沒有任何因素能左右法院行正義之事。

2012 年作為終審法院常任法官的包致金退休，在告別儀式上警告：陰霾籠罩本港法治，但他仍相信法院將在每一場可能降臨的風暴中屹立不倒。

他對香港的未來保持謹慎樂觀。"我們過去戰勝過很多困難，"他說，"我們有理由相信自己可以克服現在的困難。"

他認為，"我們永遠可以指出在其他地方其他時間，有比我們現時面對的更大更多的問題，而我們要做的，是令香港盡量做到最好。"

學生時期，包致金花了很多時間在倫敦觀看丹寧勳爵（Lord Denning，二戰後英國最負盛名的法官及法學家）的案件庭審，他說這是瞭解法律真諦的好方式。

問及他作為大律師接辦的首宗案件，他說是一個房東與租客的糾紛案，在庭審中他盤問對方證人時只有一個問題。他說，那可能是他勝訴的原因，因為主審法官最反對長篇大論。

縱觀整個大律師生涯，他的執業經驗主要是在商業方面，尤其是後期。但是在剛開始的幾年，他處理的案子中有 25% 是刑事案件，此外還處理了一些人身傷害案件。漸漸地，不再有刑事案件，人身傷害案件也接得越來越少了。在他的大律師生涯，不時需要代表四肢癱瘓的當事人，他說，"要做的是先進行家訪，瞭解他們面對的困難，然後帶他們去復康資源中心，挑選適合的器材。這樣我們能夠紀錄下需賠償的事項，有時甚至可以令保險公司付費，讓當事人搬遷到合適的居所。"

採訪前，包致金法官正在為他的長外孫 Zane 和 Zane 的朋友們畫尋寶圖。在赤柱的房子裏，他從

書房走進擺滿他製作的"飛船"和"火箭"的房間。他花很多時間在為孫兒做玩具，他解釋道："他們有一大堆昂貴的玩具，但是很少有我和 Verina 給他們的。重要的是，他們要有一些不花錢的玩具；我做的這些最能提醒他們外公對他們的愛有多深。"

→ 包致金和包鍾倩薇與兩個外孫。

來自旁遮普的
雄獅和公主

來自旁遮普的雄獅和公主

印度社群中錫克人教徒佔重要一席。香港有 15,000 名錫克教徒，源自印度西北部旁遮普地區。1947 年印巴分治時，旁遮普地區一分為二，其西部劃分予巴基斯坦，東部則屬印度。今天共有 2,700 萬錫克教徒遍佈全球，其中 2,100 萬住在印度，還有許多錫克教徒居於美國、加拿大、英國、馬來西亞和澳洲。

錫克教是 15 世紀末創立於旁遮普的一個宗教。其教義以第一任那納克大師（Guru Nanak Dev Ji, 1469-1539）及其後九位大師的精神為基礎。因對自己出生地印度所盛行的嚴格種姓制度生厭，於是創立了以下四大教義為本的新宗教：只有一神，眾生平等，不論種姓、信仰及宗教；反對歧視婦女；宗教自由，反對強迫信仰；博愛。

錫克教徒禁煙酒，禁除身體毛髮，因為毛髮受諸於神。鬚髮需每日修理兩次，收紮整齊，用頭巾包蓋好。因此在人群中很容易辨別出男性錫克教徒。錫克教男性使用 "辛格"（Singh，意為獅子）作為中間名或姓；女性則是考兒（"Kaur"，意為公主）。大師選擇這些名字來彰顯平等、提升女性

→ 1892 至 1910 年前後，錫克教徒在香港警局。

地位。錫克教的地理和靈屬中心，是坐落在旁遮普邦阿姆利則市（Amritsar）一個湖中央的金廟。

1849 年，英國人征服錫克帝國後，招募大量錫克教徒加入英國軍隊。他們為大英帝國出戰全球，包括中國第一、二次鴉片戰爭。一戰中，他們在法國西方戰線奮戰，二戰時參與了意大利攻防戰。在今天馬來西亞和新加坡地區抵禦日本入侵的印籍英兵中，60% 是錫克教徒。1941 年 12 月，許多錫克教徒在抵抗日軍保衛新界時犧牲。

→ 20 世紀初，香港錫克警員和華人警員。

和巴斯人一樣，他們早在香港成為英國殖民地之初便在此。1841 年 1 月的升旗儀式上，就有他們的身影。根據香港政府記錄，1844 年一名英國軍官組建了一隊包括錫克教徒的 23 人印籍夜間巡邏隊，駐守中環皇后大道，對降低罪案卓有成效。對英國統治者來說，錫克警員有不少優勝之處：他們高大強壯，身高遠勝香港本地體形較矮小的廣東人；加上五彩頭巾、黑色鬍鬚，讓他們看來更威風凜凜。

英國人從本國派遣官員到香港管理警隊，但低職位的警員數量卻遠遠不足。因此他們既招募印度人也僱用華人。華人警員有地利及語言優勢，能用香港通用的粵語溝通，但他們容易受家庭及族群壓力影響，賭博和犯罪團夥也不易應付。反之，錫克人沒有相類本地聯繫，就會對招募他們的統治者更忠誠。

1867 年 6 月，一支 148 名錫克警員組成的受聘隊伍到達香港，他們是從阿姆利則及周邊地區招募而來的。1869 年，政府成立學校教這批新人粵語。從 1870 年起，許多錫克教徒被調往監獄當獄警。最初的合約是 5 年，隨後有 8 個月回鄉探親假期，10 年後可領退休金。英國人不允許他們在香港結婚，也不讓妻子隨行。他們擠住在狹小空間，有時 8 到 10 人共居在一個小單位裏。他們輪班工作，共用床鋪，輪流洗衣做飯。他們帶來了自己熱衷並精通的曲棍球運動，持續至今，其中打得最好的還是錫克教徒。到 1897年，香港共有 226 名錫克警員，到 1920 年人數上升到 477 人。

根據二戰結束時的統計，2,220 名香港警員中 774 名是印度警員，其中大部分是錫克教徒。合約完成後，錫克教徒和其他印度人一樣，可以選擇回印度或留在香港；大部分人選擇了後者，因為在旁遮普生活很艱難。留下來的人繼續做門衛和看更。錫克教徒也當兵，1892 至 1902 年在香港服役的香港軍團有 5 個連都是旁遮普人。（香港軍團，區別於皇家香港軍團。此軍團是英國當時為組建香港英軍，從印度英軍中借調的軍團。）

→ 錫克廟──精神與社群中心

灣仔錫克廟是本地錫克教徒的宗教中心，由在英軍服役的錫克教徒於 1901年興建。據 1902 年 5 月 12 日《士蔑報》（The Hong Kong Telegraph）的報導，殖民政府提供土地，錫克教徒和印度教徒募集了 10,500 港元興建。

當時香港約有 700 名錫克教徒和印度教徒。每個錫克軍人、警察和看更都要奉獻一個月的薪金，每個錫克商人則捐出一個月的營業額。香港軍團樂隊在開幕式上演奏，標誌著錫克人與英軍的緊密關係。建築還包括設有廚房和可供訪客留宿的地下室。

"這是香港第一座錫克廟，" 該廟名譽秘書 Jagraj Singh 說。"這不僅是個宗教場所，也是整個印度族群聚會的地方，不同社群的人都會聚集在這裏。英國當局以年租 1 港元供他。建造寺廟的花費全由社群成員負擔。鑒於他們人數少資源有限，這是很大的奉獻。由於當時香港沒有合適的祭司候選人，社群遂從旁遮普聘請了一位祭司，和他簽了一或兩年的合約。至今我們還延續這種制度，每位祭司的合約期是一年，最多兩年。印度教徒，主要來自信德社群，也會來此祈禱、舉行婚禮或者其他慶祝活動。雖然我們宗教不同，但我們彼此和諧共處。"

對為數約 5,000 名自 1904 到 1908 年，從印度移民到加拿大的旁遮普人（大部分是錫克人）來說，錫克廟是天賜的援手。由於當時印度沒有移民局，是香港的移民局負責移民放行所需程序，如體檢、證件和面試。在等待期間，這裏為移民提供了庇護所。廟內員工提供食宿、醫療護理甚至財務支援。對那些即將開展改變命運之旅的人來說，這個充滿同胞情誼及心之所安的棲身地，彌足珍貴。今天加拿大 150 萬印度人中有三分之一是錫克教徒。2015 年 11 月，加拿大總理杜魯多（Justin Trudeau）宣佈其內閣 30 名成員名單，其中就包括 4 名錫克教徒—— 是印度內閣中錫克教徒的兩倍。

1917 年廟宇加建了一個火葬場。1933 年，由於社群人數增加，管理委員會決定拆卸重建一個更大的錫克廟。新錫克廟於 1934 年 4 月 7 日正式啟用。廟宇委員會主席 Badan Singh 在慶典上發表演講，他說香港錫克社群人數超過 2,000 人，包括軍人、警察及商人。據 1934 年 4 月 9 日《士蔑報》報導，在典禮上，他感謝政府和警方對重建工作的支持。和香港其他人一樣，二戰給錫克教徒帶來傷痛。1941 年 12 月，日本軍進佔羅湖邊境，錫克軍團正在前線作戰。超過 100 名錫克兵士喪生；其他被俘，在隨後的戰爭時期一直被關押。錫克廟的大門繼續打開，為有需要者（包括華人）提供避難所和飲食。1903 年 9 月施工人員挖的一口井，供應日常極需要的食水。水井至今仍在使用。

→ 錫克廟主祭司 Gyani Jatinder Singh 在廟中主持宗教儀式。

大量的中國難民再加上廟宇上空飄揚的英國國旗，引起了日本飛行員的注意，他們朝廟宇扔下兩枚炸彈，導致廟宇大面積損毀、祭司長和大量避居廟內人士喪生。戰後，錫克教徒在鄰居印度教徒的幫助下重建廟宇。

殖民政府持續僱用旁遮普錫克教徒和穆斯林入警隊及監獄工作，1947 年初 60 人的受聘隊伍抵達香港。

印巴分治對旁遮普邦來說是個悲劇。整個省從中間一分為二，西邊一半劃給巴基斯坦，東邊一半劃給印度。成千上萬原居西邊而不想住在新穆斯林省的錫克教徒，帶上可以帶到的家當，就這樣和自己的國土、家園、財產揮手告別，去別處開創新生活。雖曾獲承諾會得到土地賠償，但很多人其實寸土不獲。"我們在香港的人沒受到分治的直接影響，" Jagraj Singh 說。

"不過有些家庭日子不好過。一些在香港的人不得不回去幫助身處困境的家人。當時回家需要坐兩個月的船。大多數分佈在今天巴基斯坦地域的錫克教徒離開故土時，只有手攜的家當。少數難民來到香港與家人團聚。分治沒有處理好，英國人只是在旁遮普邦中間劃分界線，分治本可以處理得更好。"

1947 年 8 月 15 日，印度成為獨立國家，新政府不允許香港殖民政府再招募其公民當警察。但在港錫克教徒很容易就能贊助親友移居香港。因此錫克社群持續擴大，由於在家鄉的收入遠遠比不上香港，他們大都樂意來這裏。新來的大部分是男人，和先來的那些人一樣，可以多達 10 人擠住一個小單位。他們一天打兩三份工，賺來的錢寄回印度蓋房屋買農場。最常見的是在保安行業，但對很多人來說，香港只是短暫停留的賺錢好機會。

→ 一名信徒在錫克廟中朗讀。

1949 年中華人民共和國的建立，亦令到香港錫克教徒人數上升。一個錫克社群在上海已生活了一個世紀，他們去上海，是基於他們去香港的同胞相同的原因。

1940 年有 557 名錫克教徒在上海生活，他們大部分是警察，其他的則是倉庫和大公司保安，少數人放貸為生。他們在東寶興路 326 號建起佔地 1,500 平方米的錫克廟，作為宗教和社群活動中心。1949 年的革命，迫使所有錫克人離開上海，其中大部分人逃到香港。他們到來時身無分文，許多人在錫克廟待了很長時間，直至找到工作，在新城市得以謀生才離開。

對那些已經長時間在港定居的錫克人來說，就業前景比較理想。受過教育、會說粵語和英語的，可以在政府部門如郵局、香港電台、法庭、輔警和懲教署工作。一些人追隨父親和祖父進入同一政府部門。巴加特（Ish Kumar Bhagat）做到了懲教署助理署長。英國人讓錫克軍人守衛昂船洲保安部的軍火庫，顯示出他們對錫克教徒忠誠度和警惕性的信心。說到安全管理軍火，他們還有一個難得的優點：不吸煙。那裏有一間房闢作錫克廟，供他們每日祈禱。回歸前兩年，英國人將軍火庫移出香港，錫克軍人以可觀遣散費解散。

在香港殖民政府中職位最高的錫克教徒是高禮和（Harnam Singh Grewal）。1937 年 12 月他出生於香港，童年幾乎是在旁遮普邦祖祖輩輩生活的村子裏度過，並在此唸小學。1947 年舉家返港，他便在香港延續學業。他獲得香港大學雙學位後，在劍橋大學上了兩年學。1964 年回港，在政府當政務主任，之後晉升高級職位，曾任海關關長和交通局局長。1987 年 2 月任公務員事務局局長，主管公務員事務——這是政府中最高級別的職位之一。這是錫克教徒在英國治下 155 年來獲得的最高職位。1990 年 4 月，高禮和由於健康原因退休，移居加拿大。他在皇家香港軍團（義勇軍）積極服役 21 年，更曾代表香港曲棍球隊參加 1964 年東京奧運會。1990 年，獲英國政府頒授 CBE 勳銜。

德加拉集團是香港最著名的錫克公司。成立於 1905 年，經營泰國紡織品，並於 1995 年在新加坡交易所上市，以市值 4 億美元，成為當年規模最大的上市新股。2017 年公司通報營業額達 1.532 億新加坡元。集團現已成為遍佈 40 個國家的跨國公司。它分為兩大部門——優質生活和投資。優質生活

部門的市場和分銷集中在美容、健康和優質生活品牌，管道有網上和傳統零售。投資部以直接或合資方式投資地產和其他行業，投資遍及香港、中國內地、日本、澳洲及其他地區。2005年，集團將營運總部搬至香港。

→ 回歸

一如其他少數族裔，1997香港回歸中國是個轉捩點。"這是大事。沒人能預料會發生什麼，"Jagraj Singh說。"大概有500個家庭——2,000至3,000人離開香港投奔加拿大、歐洲或其他地方的親戚。但他們都把資產留在香港。看到情況沒什麼變化，大部分人又回來了。只有很少人是一去不回。"回歸後，特區政府引入入職公務員須掌握中文讀寫能力的新規定。就像其他南亞人一樣，大部分錫克教徒無法達到此要求，因此再無新職聘用。中文代替英文成為政府部門最重要的語言。已在政府任職者可以保留職位，未受影響；但是如果他們不會書寫中文，升職空間有限，高職位都留給擁有中國護照的人。

錫克人和懲教署淵源甚遠。每年11月，都有從懲教署退休移居海外（主要是加拿大）的錫克教徒回港，參加錫克廟的宗教節慶。2010年11月，時任懲教署署長單日堅來到錫克廟，與新舊同僚共敍。在此之前，他宣佈懲教署將重新招募錫克教徒，並降低對他們中文書寫能力的要求，但仍需聽講流利。

雖然許多政府部門關上大門，但是錫克教徒很順利地轉向私人市場。那些世代在港居住的人得益於良好教育制度，因而獲得父輩們夢寐以求的工作——金融、醫藥、會計、教師、傳媒、保險、法律和工程界。白承睿（Jaspal Singh Bindra）成為渣打銀行亞洲區執行董事，到2016年2月退休時，他已在銀行工作超過16年。

社會習俗方面，錫克教徒仍然傳統保守。錫克教徒更傾向讓年輕人和宗教相同的通婚，不管是在香港居住的或是在印度安排的配偶，只要是錫克教徒就好。特區政府允許這種安排並為此類配偶發放移民簽證。

→ 建設新廟

社群剛剛著手一項雄心勃勃的計劃，是這座錫克廟歷史上最大的一次重建項目。"最近我們發現牆上出現裂痕，廟宇結構不夠堅固，"Jagraj Singh說。"錫克社群成員一致決定拆掉現有廟宇，再建個更大的。不過阻礙重重，因為政府已將該廟列為歷史建築。最後計劃終於獲批，重建工程將耗資1.7億港元，目前收到的捐贈主要來自錫克教徒和印度教徒。目前我們已籌到1億港元，還未向旁遮普那邊的人求助。大家都心繫這座廟，它是我們社群的中心。比如說我吧，我是我們家族的第四代人。新建築將有四層樓，包括兩個禱告廳、一個交誼廳、廚房、餐廳、教室、一間幼稚園和一個停車場。在錫克廟裏，男女一起祈禱。"

世界各地不同信仰的訪客都可以在廟宇得到免費餐食和短期住宿。"我們的瑯加（langar，旁遮普語廚房之意，特指錫克廟內供應免費膳食的社區廚房）——即免費食堂——一週七天為所有人提供免費膳食，"Jagraj Singh說。"當英國領事館有公民需要住宿時，他們會給我們打電話，我們來提供。"

錫克教的聖日和節日是那納克大師（Guru Nanak，錫克教創立者）誕辰和第十任祖師哥賓德·辛格大師（Guru Gobind Singh）誕辰，以及豐收節（Baisakhi）——所有錫克人的紀念日。廟宇提供音樂、宗教、學術、武術和旁遮普語課程，還設有一間幼稚園和圖書館。

社群計劃在靠近香港機場的東涌興建第二座錫克廟，這裏距離現有錫克廟

→ 一群錫克工人聚集在重建中的廟宇內。

40 公里。2004 年，住在東涌的錫克人與特區政府協商要一塊地興建錫克廟。

"生於 1469 年的第一任祖師那納克大師目睹了身邊的不平等，"Jagraj Singh 說，"他相信人生而平等，相信人有內在價值，所以創立了沒有等級之分的宗教。受洗後，男性錫克教徒獲得中間名'辛格'（Singh，意為獅子），女性則獲得中間名'考兒'（Kaur，意為公主）。在錫克廟內，必須拋棄等級思想，在禱告廳中，我們都是一樣的。大師禁絕煙酒。"

"主祈禱日（在錫克廟）在星期日早上，會有 1,000 名教眾到來。香港政府授權我們舉辦婚禮。最近我們為一個名門望族舉辦了婚禮慶典，有超過 1,000 位賓客。逢星期日我們有旁遮普語、經文背誦和武術課。暑假期間由於孩子們不用上學，所以我們每天都會提供這些課程。此外，會有不同

的本地組織定期在錫克廟舉辦健康檢查營、招聘會及其他資訊研討會。"

"19 世紀以來香港的錫克人大部分都在這裏待過。那時，旁遮普的生活條件不是很好。英國政府允許他們留下，起初他們受聘為軍人，接著是警員。大師教導我們要勇敢、忠誠和誠實，他們正是因為擁有這些價值觀而在香港順利發展。他們將香港視為自己的家。錫克軍人總是帶著自己的兄弟。他們在這當看更、保安，大多數住在靠近錫克廟的灣仔。我從沒聽說過印度兵變（1857 年在印度反對英國統治者的叛亂）對香港有什麼影響。錫克教徒的工作之一就是守衛昂船洲的英軍軍火庫。由於錫克人不抽煙，火災的風險降到最低。第二代錫克教徒晉身文職、經理，之後經營自己的生意。現在他們經營的貿易公司都是近五六十年創立的。根據習俗和家庭傳統，我們只和錫克教徒結婚。如果和非錫克教徒結婚，他或她必須改信錫克教。這個過程並不複雜。"

"1997 後，規則變了，申請公務員職位需要通過一項 97 年前沒有的中文書寫考試。這相當於香港中學會考（中五）程度。我們的學校不教中文的。我們能說中文，但不會讀寫，那時中文不是強制修讀。那些已在政府任職者得以保留職位。這種變化意料中事，並不意外，因為香港再次成為中國的一部分。懲教署一名印度員工 Gurcharan Singh Galib 需要通過考試才能

→ Santokh Singh Dasu（左）及 Balwinder Singh（右）在香港錫克廟的餐廳內。後者為退休警
務人員，現在是一名社工，負責身體器官的捐贈工作，今次是從印度到訪香港錫克廟。

升職。所以他去上課，通過了考試，最後也得到晉升了。

97 以來並沒有太大改變。和其他人一樣，我們的生活和過去沒什麼不同。"

你持有什麼護照？"英國政府非常慷慨，向持有英國國民（海外）護照的
印度人發出英國護照。1995 年，我們收到英國國民護照。很多人在英國買
房，但是並未移民。我兒子拿了英國國民護照但我女兒拿的是印度護照。
我女兒出生時我還沒有英國護照。"

為什麼香港社群和諧？"印度軍人攻佔阿姆利則金廟後（Golden Temple
in Amritsar，1984 年 6 月發生的聖地襲擊事件，其目的是清除激進的宗教

領袖及其武裝追隨者），我們向印度領事館寫了請願書，並提出抗議。這傷害了我們的宗教感情；我們的兄弟姐妹被殺害了。如果香港有暴力事件，那一定是個別人士做的孤立個案。每個宗教都是意願良好、導人向善的。"

要年輕錫克教徒保持信仰困難嗎？"年輕人面臨著全球化的影響，與錫克教義漸行漸遠。因為小時候到廟裏來，所以宗教的教義他們都理解。這個階段是短暫的。不過我們在堅守價值觀和信仰上做得很好。"

1.　2018 年 4 月 25 日與錫克廟榮譽秘書 Jagraj Singh 訪談。

2.　*Sikhs in Hong Kong*，Gulbir Singh Batra 著，香港 Sri Guru Gobind Singh Educational Trust 及香港灣仔錫克廟出版。

守衛昂船洲軍火庫

吉爾·辛格

→ 辛格在馬灣珀麗灣家中。

吉爾・辛格（Gill Sukha Singh）是一名退休的英軍警員、前錫克廟主席。 1939 年 8 月他在香港出生，二戰日佔時期和家人返印度，1960 年再度回港時已是一個小伙子了。

"我出生在紅磡青洲英坭廠，那是我父親從英軍退伍後工作的地方，後來我也加入了英軍。我剛參軍時僅是二等兵，到我退役時是上士，肩章是三長條和一個皇冠。"

在馬灣珀麗灣的家中，辛格和他當醫生的大兒子坐在一起看電視。大屏幕上，錫克教祭司正在印度西北的阿姆利則金廟內唱經、祈禱。要不是部隊在 1993 年香港回歸前解散，辛格就會在昂船洲的軍火庫為香港軍庫警隊工作 34 年。

"那時昂船洲是個島，"辛格說。"現在它已連接成為九龍的一部分。過去要是有人靠近小島 100 碼內，我們就會逮捕他。"他在昂船洲居住了 5 年，婚後就搬到更便利的灣仔區。

辛格的母親是華人，因此他能說一口流利的粵語。他說，因為錫克教徒通常隻身在港，所以與當地華人女性結婚並不罕見。他母親 Rattan Kaur 於 1946 年隨家人移居印度，1952 年他父親逝世後，她就留在印度。 "她愛印度。她祖籍中國但卻是個純正的旁遮普人！" 辛格說。

"1960 年我返港時，香港不是這個樣子。建築僅有 7 層樓高，港口還是很潤大"，這是指新近的填海工程前。戰時他與母親住在灣仔錫克廟內。 "那些日子我要感謝母親，她給我讓我存活下來的食物。戰爭期間我們待在錫克廟。廟被炸了，部分建築被毀，不過沒有人傷亡。"

辛格在軍庫警隊的工作包括守衛軍火庫。茶几上的一張舊照片，是穿著卡其布襯衫短褲的 Mr. Singh 在島上的留影。1965 年他利用 6 個月的探親假回印度，母親給他介紹了未來的妻子——Pritam Kaur Gill。

茶几上的相冊是他們的婚禮照片，婚禮是在新娘的家鄉——旁遮普靠近阿姆利則一個叫作 Dhaul Kalan 的村子內舉行的。辛格穿著西裝，新娘則是紅色紗麗。他描述他們如何去廟宇，如何必須繞著錫克教聖經 Guru Granth Sahib 走了四遍，之後由祭司讀經。

在昂船洲，他會和同事打排球消磨時間。 "1967 年動亂期間，我們在昂船洲候命，哪裏也不許去。我們必須每天 24 小時候命，以防萬一。但最終也冊須出動。"

"父親有很多關於軍庫警隊的美好回憶，"他的大兒子 Narindar Pal Singh Gil 說。 "他們會舉辦新

→ 1965 年，辛格與新婚妻子 Pritam Kaur Gill 在印度
完婚不久，在香港影樓拍了這張合影。

→辛格在昂船洲。

年大派對，邀請所有英國警官來參加。先是在錫克
廟舉辦持續 3 天的傳統新年慶祝活動，費用由所有
軍庫警隊員工分攤。單位解散後這個傳統依然繼
續。今年 4 月軍庫警隊的舊職工甚至舉辦了豐收節
（Visaki，又稱 Baisakhi）。以前，他們會在昂船
洲的飯堂辦大派對。"

"我們會邀請所有陸軍總部和其他地方的英軍職
工，"他父親說，"費用全免，吃的喝的。咖喱雞、
咖喱角及炸蔬菜。派對上的一切都少不了他們的身
影！"

1993 年軍庫警隊解散後，辛格加入一家法國建築
公司——寶嘉，監管其保安隊伍。"後來我在沙田
一家做 CD 的進出口公司工作，"直到 2001 年退
休。

他有三個孩子，非常享受當父親和祖父，看著下一
代受益於高等教育，有了自己的專業，他很欣慰。

"我兒子 Narindar 是香港第一位錫克醫生！"他自
豪地說。

喂喀兵
保衛邊境

喋喀兵
保衛邊境

尼泊爾人是香港南亞社群的一個重要部分，人數達 20,000 至 30,000。他們是英軍最著名的軍團之一——喋喀兵及其後裔。殖民地期間他們在港服役，如今大多從事保安、保鏢、司機或建築工人。中文讀寫與口語能力有限加上缺乏高等教育，令他們難以晉身白領，從而提升收入和社會地位。

在歐洲軍官得知喋喀兵驍勇善戰後，1815 年開始，喋喀兵便與英軍合作無間。他們在世界各地為英國皇室效力。一戰期間超過 20 萬喋喀兵為英國征戰，2 萬人傷亡，贏得近 2,000 個英勇勳章。 二戰期間，服役的喋喀兵增加到 25 萬，傷亡人數上升到 3.2 萬。他們在北非、敘利亞、意大利和希臘作戰，在緬甸、印度東北和新加坡抵抗日軍。總計超過 5 萬人為英國戰死沙場，13 人獲得維多利亞十字勳章——英國政府為表彰英勇行為設立的最高榮譽。

1948 年，他們首次從馬來亞輪值抵港，當時正值被稱為 "馬來亞緊急狀態" 的共產黨武裝叛亂。由於喋喀兵的訓練陣地從馬來西亞吉打州雙溪大年遷至香港，1969 至 1970 年香港成為喋喀兵大本營。 "緊急狀態已解除，"

→ 前啹喀兵 Jasin Chamling、Khamba Sing Gurung 和 Juna Raj Ale，在香港啹喀軍人墳場向離世
　同袍致敬後步離墳場。

前英國軍官奈傑爾·科利特（Nigel Collett）說。"是時候把他們派駐別處
了。"

在悠長卓越的軍旅生涯中，科利特漸漸認識啹喀兵。從桑德斯英國皇家軍校
畢業後，他先後在英國、阿曼、津巴布韋服役，後進入軍官學院學習。1984
年，他晉升為少校，調往女王第六啹喀步槍團，派駐香港。1985 至 1992 年
他在港服役，職至中校，1991 年任第六團指揮官。1994 年他出版了一本尼
泊爾－英語字典，英軍一直使用。自 1995 年始他便一直居於香港。

<hr />

→（上）位於新界潭尾的啹喀軍人墳場。

→（下）位於新界潭尾的啹喀軍人墳場內，親人前來拜祭的情形。

啹喀兵派駐香港後，主要職責是巡邏香港與大陸的邊界，防止非法移民入境。"文化大革命"的動亂十年間（1966－1976），中國多地社會秩序崩塌，守衛邊界尤為重要。"啹喀兵是和平時期的好軍人。他們紀律嚴明，服從命令，待人有禮，" 科利特說。"不像一些英國軍人，他們尊重內地非法移民，故不會使用暴力。他們很高興能駐守香港。"啹喀兵在 1966 年天星小輪騷亂事件中，負責控制憤怒的群眾。作為服務政府的軍隊，他們的生活同其他英兵一樣，和當地社群分隔開。他們住的營地擁有自己的幼稚園、學校、餐廳、廟宇、運動場和其他設施。學習粵語和融入當地中國人的機會有限。中士及以上軍階可攜家屬隨軍，級別較低者則不得不把家人留在尼泊爾，每三年才能回家探親一次。

"軍營就像喀啹村莊一樣，" 科利特說。"有齊一切生活所需。他們愛好和平。我們一起慶祝印度節日。他們家族龐大，母親可在英軍醫院享受優質的產前產後護理。"在香港出生可以得到永久居留權。啹喀兵的婚姻通常依據種族和種姓等級，由家裏安排。"在營房內，我們過著與世隔絕的生活，"科利特說。"啹喀兵不想與華人融合。我們甚至與其他英軍都融合不到一起。"

但 20 世紀 90 年代情況發生變化。1997 年香港回歸中國，駐港中國軍隊中沒有啹喀兵的一席之地。1989 年柏林牆倒塌，1991 年蘇聯解體，同其他西方國家一樣，英國決定無需龐大的軍隊，裁軍是"和平紅利"。

英國軍團極力遊說希望能保留下來，哪怕規模縮減也可以，他們辯說外國軍團如啹喀兵應該在英國軍團之前被裁。他們贏了。 所以作為中校和指揮官的科利特有個艱巨的任務，他要決定誰走誰留，並把壞消息帶給和他一起服役多年的戰友。"我們把諸如健康狀況、能力和年齡等因素列為裁員標準。1992 年後，在汶萊，每兩週便有 20 個戰友在我門外排隊，我只能告訴他們即將被裁的事實，所有人對此都深感悲傷。"

那些被裁的人前景暗淡。在尼泊爾軍隊服役是不可能的，薪水低，福利大不如前。印度軍隊不招那些被免職的超齡啹喀兵。就他們的情況而言，也難以在尼泊爾找到工作，即使有工作，工資也很低。唯一的希望是，汶萊蘇丹招募啹喀後備部隊，另外香港歷史最悠久的英國公司之一怡和集團僱用了幾千啹喀兵作公司旗下物業保安。在港出生者可以選擇留下，在軍營

→ 喀喀運輸軍團開著沙利臣（Sracen）裝甲車在香港街頭進行境內安全巡邏，攝於 1980 年代。

外開始新生活。許多人搬到軍營附近的錦田村和元朗，從事保安、泊車員、保鏢、司機和建築工人工作。一份美差是給香港首富李嘉誠當保鏢。20 多年來他一直受喀喀兵保護。根據香港移交條款，尼泊爾人即使擁有永久居留權也無法申請中國護照。因此，他們持有的是尼泊爾護照。

非港出生人士無權留下，即使他們已居港超過 7 年──這是外國人取得身份和永久居留權通常要求的時間。由於喀喀兵同其他英國軍人一樣，出入境香港毋須經過香港移民局，因此他們的居港時長並無記錄。當時，喀喀兵服務了近 200 年的英國並未給他們在英國定居的選擇。所以無法留港和無業者的唯一選擇，就是回到收入微薄、就業前景有限的尼泊爾──全球最貧困的國家之一。1996 年 11 月，距離回歸僅 7 個月，香港喀喀兵基地關閉並遷往英國；餘下的軍人，大多數離開香港。

大部分啹喀兵團的軍官對其下屬有著絕對的信任和深厚的感情。有些人決心幫助啹喀兵及其後裔在 97 後的新世界找到一席之地，科利特就是其中一人。在汶萊服役後，他於 1994 年從英軍退役。"我們決定嘗試幫他們找工作。我們的想法是送他們到海上工作——這是個全新的概念，"他說。"這樣做的好處是，他們無需簽證，不必繳納稅款，一年只需工作八個月。"於是他在尼泊爾首都加德滿都成立公司，推薦退役啹喀兵給國際郵輪公司做保安、服務員，餐廳、廚房、酒吧員工和清潔員工。10 個月後，他移居香港並成立啹喀國際集團（Gurkha International Group）繼續他的工作，為香港和全球其他尼泊爾人提供信譽良好的工作。公司在香港招聘保安、司機、保鏢和個人員工提供給僱主；受聘者可獲得香港身份和在港工作權。公司是香港總商會、香港僱主聯合會和香港保安業協會的成員，公司同時幫助尼泊爾人在香港以外尋找工作，如在澳門賭場和國際郵輪。公司會從中賺取佣金。經過創業期的微不足道到業務蒸蒸日上，它已為超過 10,000

→ 啹喀兵長距離跑後進行射擊訓練。

→（上）1989 年，一名喞喀兵在香港邊境的
　　沙頭角河口執行監視任務。

→（下）1985 年，兩名喞喀兵在白虎山段
　　巡邏香港與大陸邊界，防止非法入境者入
　　境。

名尼泊爾人找到工作，目前管理著 920 名尼泊爾郵輪員工，其香港辦事處
亦僱用了 100 名尼泊爾人。"我樂於生活在尼泊爾世界中。公司在加德滿
都有辦事處，我的生活得像尼泊爾人，"他說。

1999 年，香港政府對尼泊爾新移民關上大門。從那時起，只有在港出生
已有永久居留權，或與香港公民結婚的才可入境。之後發生了嚴重的偽造
證件醜聞，包括偽造香港出生證書和喞喀兵服役證明，在尼泊爾及香港都
有——許多假證件都是在重慶大廈以外製作的。很多公司是憑著這些假證件
聘用了員工。"這些假證件可能多達 20,000，"科利特說。"在尼泊爾……
你可以買通官員買到證書。社會無序，家庭改名換姓。"這起醜聞嚴重影
響了香港政府對尼泊爾人的態度。

1997 年後，喞喀兵是否獲准在英國定居成為一個頗具爭議性的問題。一方
面政府想限制新移民的數量；另一方面，對於那些近兩個世紀以來為英國
奮戰至死的人來說，這是道義上的義務。直至 2004 年前，喞喀兵仍不得
定居英國。2004 年，政府改變了規則：1997 年後退伍者將得到此項權利。

經過法院質疑和由一個喞喀兵團軍官之女兼演員的 Joana Lumley 領導策劃
的公眾運動後，政府作出讓步。2009 年 5 月英國內政大臣宣佈所有 1997
年前退伍、服役至少 4 年的喞喀兵都有權定居英國。此決定一出，幾千名
留港喞喀兵離開前往英國。他們更願意待在熟悉的國家；他們有共通語言，

→ 前港督衛奕信出席一個在香港舉行的典禮，為獲得維多利亞十字勳章的喀喀兵頒獎。Nigel
　Collett 站在衛奕信身後（在其左側）。

那裏還有建立多年的尼泊爾人社群，孩子們有更好的未來。在香港，許多
喀喀兵覺得自己是局外人，既不屬於華人也不是外國人。

與那些世世代代定居香港的印度人和巴基斯坦人相比，尼泊爾人身處劣勢。
紮根多年的連繫使印度人和巴基斯坦人能創辦企業，積累財富，植根本土，
枝繁葉茂，並能說一口流利的粵語。但是尼泊爾人直至 20 世紀 60 年代末
才到達香港，且長居軍營，與本地社群隔絕。他們掙的僅是低級別軍人的
微薄收入。

隨著香港回歸中國，他們失去了軍人身份，但仍得在世界物價最昂貴、競
爭最激烈的其中一個城市—— 香港，開始新生活。他們最大的障礙就是不
通粵語—— 香港通行的中國方言。他們的母語是自己的部族土語，之後學習

<hr>

→（上）科利特中校。

→（下）科利特為在香港高爾夫球會當保安的前啹喀兵作工作簡介。

祖國的國語尼泊爾語。香港永久居民有權進入公立學校，那裏主要以粵語教學，部分課程用英語。國際英語學校費用異常昂貴，非尼泊爾家庭力所能及。教育系統競爭激烈，每個階段都有考試。入讀香港高等教育要求高水準的中英文讀寫和口語能力。

"許多尼泊爾小孩入讀粵語學校但進度落後，很多人回到尼泊爾學習，但尼泊爾文憑在香港不獲認可。所以，就算在尼泊爾的大學畢業，資歷在香港也毫無用處。最終他們很可能在地盤工作，" 科利特說，他說，20 年來政府一直沒有認真處理這個問題。"如果政府投入費用和資源讓尼泊爾人學習中文，他們會做得好並得以晉身白領職位。他們喜歡這裏的氣候，而只需五小時機程就可抵達尼泊爾。他們想留下來。"

→ 尼泊爾宗教

幾個世紀以來，尼泊爾一直是個多宗教國家。根據 2011 年的人口普查，印度教徒佔總人口 80% 以上，佛教徒約佔 9%，回教徒是 4.4%，基督教徒為 1.4%，還有克拉底部族（Kirati）信奉的耆那教（Kiratism）佔 3%。在 2008 年賈南德拉國王被推翻之前，尼泊爾是印度教國家。2015 年通過的新憲法保障了宗教自由。宗教不僅是一套信仰和儀式，更是傳統、節日和教義的總結合，在社會和人民生活中起到重要作用。

公元前 623 年，悉達多王子（佛祖的出生名）出生於尼泊爾魯潘德希（Rupandehi）地區的倫比尼（Lumbini）。他的出生地已成為世界各地信徒的朝聖地。他主要在印度傳教。在尼泊爾，印度教和佛教都採納了其他宗教的許多教義；通常，它們信奉共同的神、共用廟宇，信徒也在一起祈禱。幾個世紀以來，二者從未捲入過宗教衝突。尼泊爾更有不少印度教和佛教的精緻藝術及雕塑。佛教有三種主要流派——藏傳佛教、尼瓦爾佛教（其中一種大乘佛教）和上座部佛教。

與同是印度教徒佔大多數的國家印度一樣，尼泊爾也是奉行種姓制度，包

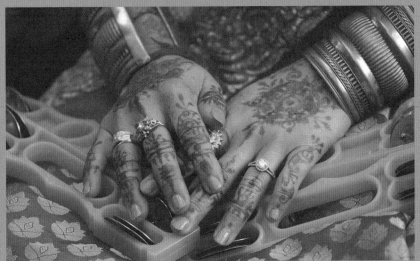

→（上）印度教徒 Kanya Chauhan 在印度廟內的神龕前跪拜神像。

→（下） Chauhan 女士雙手繪有印度紋彩（mehndi）——古老的印度指甲花彩繪藝術。

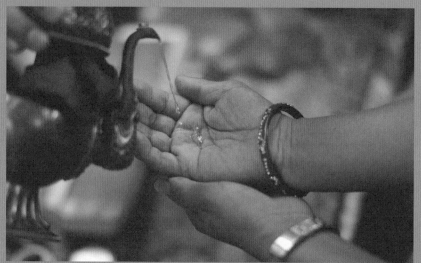

括四個主要種姓。儘管尼泊爾已努力減低種姓制度的重要性，但它依然存在。尼泊爾實行義務教育並開放予所有種姓。1962 年，政府立法種姓歧視屬違法。然而高種姓仍支配著行政事務、經濟和高等教育；平均收入也比低種姓要高。

尼泊爾人在國外生活時會把宗教和節日一併帶去，香港尼泊爾社群也是如此。

1.　　與奈傑爾·科利特（Nigel Collett）的訪談。

　　　　　　　　　　　　　　　　　　Chapter 4 ── 啹喀兵保衛邊境

服務香港
逾三十年

拉納少校

→ 身著喀喀軍服的拉納少校，MBE。

1956 年巴克里希納・拉納（Balkrishna Rana）加入英軍時，二戰的陰影仍然籠罩在人們記憶裏。對這個在尼泊爾西部農村成長的少年來說，當兵就是一張四處遊歷和獲取新機遇的門票；比起面朝黃土背朝天的農村生活要有吸引力得多。

如今他是居住在加德滿都的退役陸軍少校，回味著昔日在北馬來亞（今馬來西亞）剛入伍的時光。他坐了 3 天火車穿越印度，又坐了 14 天船，上岸再次踏上短途火車旅程，從馬來亞北海（Butterworth）到雙溪大年（Sungai Petani）。受訓三年後，1960 年他加入駐香港的軍團。他說，軍團名字一直在變，當時是叫喀喀後勤兵團，是當時最遲成立的喀喀軍團。

"我所在的連隊是喀喀後勤兵團 28 連，" 他說。"我幾乎是在山中長大的。父親在英屬印度軍隊服役時我在印度，戰後他很快退役了，在我約 5、6 歲時回到老家。"

村莊的名字是 Tanahunsur，位於達旺（Tanahun）地區，是和香港完全不同的世界。不過香港山巒連綿可供他自由奔走，實際上拉納少校估計自己曾到過香港大多數山峰，不論是在軍隊訓練時或純粹玩樂。

"我以前經常跑步，鍛煉、比賽、野外定向，還有

訓練。很多軍隊演習都需要上山，然後從山上衝下來。我很要強，一定要到頂峰。"

後勤兵團負責兩種工作——一個是物質補給，另一個是交通運輸。作為年輕士兵，拉納少校經常駕駛貨車或軍團中其他車輛。習慣成自然，如今他不時會想念這種日子。他主要駐守香港，偶爾有機會遠行，他的一些戰友則被派往澳洲或新西蘭受訓或到英國學習。

1971 年喀喀軍團在香港成立大本營，於新界石崗設訓練站。各營輪流駐守英國和汶萊。經由英國，他們去到伯利茲、塞浦路斯，還有著名的福克蘭群島戰役。1981 年 11 月，拉納少校被調往愛丁堡公爵第七喀喀步槍營第二連，駐紮鯉魚門軍營。1986 年菲臘親王訪港時曾探訪軍營。"1991 年第一次海灣戰爭中，我的軍團歷史性被選中參與部署，表現出色。當時我們從香港調過去喀喀運輸軍團 28 中隊（救護車）。" 他說。

太平時期，喀喀兵的工作包括在颱風和山泥傾瀉時參與援救。拉納少校回憶起 1962 年颱風溫黛夷平了大埔一整個漁村，和 1972 年半山區寶珊道山泥傾瀉致死慘劇。此外，軍隊也要負責香港內部保安、邊境守衛及香港公益金的籌款工作。

1960 年拉納少校抵港時居住在現今的九龍公園。

他的連隊和大隊駐軍共用軍營。"我們在威菲路軍營駐紮了 10 年。"

之後他搬到深水埗，當啹喀全軍集結時，他再遷到石崗。出生於 1941 年，拉納少校於 1964 年在尼泊爾成婚。"婚後我們分開近 4 年，之後因為我的資歷她可以來港和我團聚，自此她一直伴我左右，直到 1992 年我們離港。"

他說石崗是個緊密的尼泊爾社區，和英國家庭關係良好，與本地華人居民並未有太多關連。

啹喀兵以啹喀彎刀（反曲刀）聞名。它們與一般彎刀並無不同，在尼泊爾被用作工具兼武器。"軍隊會給每個人發一把彎刀。每個人都必須訓練和使用，戰時就已成為習慣，尤其在近身戰時。所以在緊張情勢下無需思考怎麼辦，彎刀能幫助你擺脫困境。"他說。啹喀彎刀是啹喀兵的標誌和有力的戰鬥武器。"兩次世界大戰中，啹喀兵手中彎刀是攻向敵人的最後一招，從此名聞遐邇。"

"重要的印度節日，如 11 月舉行的達善節，以及持續 5 天的光明節都是正式的軍團事務。之所以把節日變得如此正式、團務化，是因為兩次世界大戰中啹喀兵在外國戰場上駐守多年，因此通過確保他們一起慶祝節日，軍方可以營造一種在家的感覺，減輕他們無法在家鄉尼泊爾山區慶祝節

日的鄉愁。"

回顧他在香港服役的三十多年，拉納少校說他懷念這座城市。"我和孩子們在那裏待了好多年。看一眼我就能說出什麼地貌叫什麼，再者更有商場、水上運動。尼泊爾這裏有山但沒有海。"

拉納少校說，他軍旅生涯的高峯是 1991 年 7 月帶著家人訪問英國，在白金漢宮由英女王依利沙伯二世頒授大英帝國員佐勳章（MBE）。目前他是尼泊爾軍團協會秘書長和他所在軍團的主席。他很自豪地說他的軍團已被重新指定為女王啹喀後勤團。尼泊爾的這兩重任命公務繁多，令他無暇緬懷年輕歲月。

"1992 年離開香港時我很傷感。在香港待了一段長時間，以致離開時有點文化衝擊的感覺；但生活仍要繼續。遷到汶萊相似的隊伍，和啹喀兵一起，那些情緒有了緩和。"但是身為祖父的拉納少校，仍然很享受至少一年一次返回香港探望三個孩子和家人。

→ 1991 年，拉納少校，MBE 和妻子 Bhim
Kumari Rana 在白金漢宮。

堵截
非法入境者

塔帕上尉

→ 曾於 1962 年駐紮於香港新圍營地——加利波利兵營的塔帕上尉。

"在邊界另一邊的中國內地,有超過一個旅的中國士兵。有些人把步槍對著我,隨時準備開火。要是他們扣動扳機,我今天就不能跟你說話了。我們有槍,但沒有子彈。我當時很害怕。"

現年 72 歲的南．塔帕(Nam Sing Thapa)正描述他作為喀喀兵巡邏香港內地邊境 24 年間發生的一些往事。他從 1962 年開始成為喀喀兵,至 1986 年退休。如今他和家人住在九龍荔枝角一條後街狹小的大廈單位內。"我們 48 旅的紀錄是一個月內抓到超過 16,000 名非法入境者。我們把他們交給香港警方以移交中國當局。喀喀兵一周七天,一天 24 小時巡邏邊境,站崗監察和監聽——僅是監視監聽,不准開槍。我從沒開槍傷人。"

他是協助香港警方巡邏邊境的幾千名喀喀兵之一。"我現時收取的退休金是喀喀軍團發的,是英兵退休金的三分之一。單靠這個不夠生活,我還得做其他工作。我打算一兩年後回到尼泊爾。我在那裏有一小塊地,但我們現在是共產主義政府。那會怎樣呢?"

南於 1946 年 2 月在尼泊爾中部的 Syangja 地區出生。父親於 1942 至 1966 年任喀喀部隊准尉。4 歲時,南要幫祖父在山中看顧牛羊。"這些動物會破壞莊稼,我要管牠們,所以經常哭。"他說。1953 年,他隨父親去當時的馬來亞(現馬來西亞)喀喀軍營。"那時沒有路,也沒有交通工具,我們只好從村子步行到 Paklihawa 英軍招募營,整整走了 6 天。之後我們坐卡車到印度 Gorakhpur 市,從那裏坐火車到加爾各答,再換船去馬來亞。"他父親被派往怡保的一個喀喀營地。

"軍營的條件很差。6 到 8 個家庭共用一個洗手間,我們睡碌架床,乾糧和鮮貨都是限量供應的——一週三安士肉,一次水果,米飯是稀罕物。因為沒有冰箱,所以我們一週獲供應一次大冰塊。"小小的南在軍營學校上學。1959 年他 13 歲時加入馬來亞吉達州雙溪大年喀喀軍少年連。"我父親堅持這麼做,他說家裏需要錢。1960 年我開始受訓,非常苦——凌晨 4 時起床,在 40 度高溫下跑步、訓練。我們做很多運動,包括足球、排球、籃球、游泳、越野訓練和拳擊。我們也做特殊訓練,比如急救、木工和汽車修理。"

1962 年,他正式加入軍團——女王第六喀喀步槍團第二營;駐紮在新界粉嶺旁新圍軍營。"這城市令人震驚——居然一棵樹也沒有,我們就自己種。

→ 塔帕上尉在香港蓮花寺講解如何使用啹喀彎刀（kukri）。蓮花寺是英國人為啹喀兵建造的，供奉濕婆神。

有幾次叢林起火，我們啹喀兵得要半夜三更起床，沿著火線用竹條、水桶等工具滅火，一直到凌晨 4 時。1963 年軍營裏沒有飲用水，也無法洗澡，所以我們要去新圍山上挑溪水。我們啹喀兵用運水車供應村民飲用水。香港有許多高樓和漁船，特別是在暴雨、山洪、山泥傾瀉和颱風期間，我們就得去拯救受災村民和漁民。在緊急情況下，我們拯救民眾，把他們安置在安全地帶；接著搭建帳篷作應急避難所，提供食物和飲用水。如有需要，啹喀兵更會為村民修路搭橋建屋。

"而我們的首要任務是守衛邊境，協助香港警方防暴、宵禁、警戒及搜救。這是一項艱巨而疲累的任務。當時沒有邊界圍欄，所以啹喀兵必須依靠觀察哨崗、望遠鏡、眼睛和飛毛腿。巡邏時四人一組，每組相隔 5 米。我們攜帶啹喀彎刀和來福槍，但沒有子彈；只有指揮官攜帶的槍枝彈匣裏有 10 顆子彈。我們只可以使用最低武力。巡邏時務必全神貫注。非法入境者很有創意——他們用吹氣枕頭造船，或者坐載泥船過來。直到他們跳上陸地你才能看見他們。

"我們每人有一瓶水，因為氣溫高達 40 度。非法入境者從不帶武器，只要被抓，他或她會立即投

降。很多人會再三嘗試。一到冬天，他們都要捱
凍。我記得有一個十八九歲的女子凍得渾身發抖。
我給她熱茶和睡袋捱過晚上，之後才把她交給警
方。"軍隊紀錄是一個月抓到 16,000 名非法入境
者。

參加東京奧運會拳擊賽

南對運動極具天賦，擅長拳擊，他曾參加蠅量級
賽事。他開始打拳擊是在 1960 年的馬來亞軍營
中，兩年後在香港兵營裏繼續訓練。他從營、陸
軍，一路打到在新加坡舉辦的遠東陸軍個人錦標
賽，贏得遠東陸戰隊全印度銀腰帶和表演賽，獲
長官向尼泊爾政府推薦參加 1964 年東京奧運會，
他還收到當時尼泊爾統治者馬亨德拉國王（King
Mahendra）發來的鼓勵信。

"我們是第一批代表國家參加奧運會的尼泊爾人。
全隊共有 4 個拳擊手和兩個馬拉松跑手。我運氣
不好，第一場比賽對手是一位非洲裔美國選手，
他是 1960 年羅馬奧運會季軍。我用盡全力擊打
他，但他的拳術高超。他 33 歲，我才 18 歲。裁
判員在首回合就停了比賽，判他勝出。我太年
輕了。"不過，對一個來自尼泊爾山村的年輕人

來說，參加奧運會是此生難忘的經歷。

幫助喀喀老兵

1986 年，經過 24 年嚴格的軍旅生涯，南在 40 歲
時從喀喀軍團退役。他的長官推薦他做地區福利
官。這些退役軍人駐居在尼泊爾不同地區，幫助
貧困、患病或遭受諸如火災或山泥傾瀉等自然災
害的前喀喀兵。他接受了該職位，定居尼泊爾中
部，靠近印度邊境的布德瓦爾（Butwal）。"我
負責 6 個地區，這是一片非常偏遠的地域，道路
不通。我花了 11 天才走完整個地區。當地人說不
同的語言，有些根本聽不懂。"三年半後他辭去
工作留在布德瓦爾，用他在香港學到的知識經營
了一個小農場，飼養家禽。

返回香港

1992 年，南遇到前長官，後者向他提供了一份香
港的保安工作。工資和條件令人無法拒絕。他簽
約兩年，於 1993 年 2 月回到香港。在一間專門提
供退役喀喀兵的保安公司工作。主要任務是保護
客戶的住所和財產、押運現金及提供其他安全服
務。"由於我們是民間服務組織，不能攜帶武器，

→（上）塔帕上尉在蓮花寺前展示自己的喀喀彎刀。

→（下）塔帕上尉站在蓮花寺內。

甚至啹喀彎刀也不行。我們只有一根短棍，面對
的卻是黑社會和犯罪集團。"1996年，南獲得香
港永久居民身份證；他於2010年65歲時退休。

"作為前啹喀兵，我有資格獲得英國護照。在英國
的朋友曾叫我過去，但我說'不，謝謝了'。我
更想回到尼泊爾。英國的氣候和食物都不好。尼
泊爾天氣很好的，而香港掙得更多。我得養活一
個未婚的妹妹，她住在尼泊爾的一個村裏。兒子
在美國生活，但是特朗普先生的政策可能讓他不
得不回來。兩個女兒結婚了，一個在尼泊爾，一
個和我們一起住在香港。在未來一兩年，我們打
算返回尼泊爾，我們在那裏有一小塊地。正如他
們所說的，加入英國軍隊，環遊世界——我已經歷
過了。"

社區工作者

普拉蒂瓦·古隆

→ 古隆在尼泊爾博卡拉度假時，在教練帶領下玩滑翔傘。

社區工作者普拉蒂瓦·古隆（Prativa Gurung）協助本地社會工作者舉辦社區活動，支援新界區少數族裔青年。服務對象包括尼泊爾、巴基斯坦和菲律賓等年輕人。

古隆 12 歲時到港定居，現在二十多歲，投身社區工作已有兩年。除參與義工培訓和紅十字會等團體活動外，她還會親自組織活動，包括體育培訓和其他社區服務。

"我並非在香港出生的，但的確是在這裏度過青蔥歲月，"古隆說。她的家鄉位於尼泊爾中部風景如畫的博卡拉（Pokhara），那裏被譽為安娜普納環線（Annapurna Circuit）——喜馬拉雅山熱門徒步路線的入口。

古隆的祖父曾是當年駐港英軍中的喀喀軍人，8 歲那年她第一次來香港度假探望父母，4 年後搬到香港定居。她祖父現已過世，古隆回憶說過服役期間在亞洲遊歷的事。"我祖父（Mahendra Bahadur Gurung）當年駐紮粉嶺英軍，父親就在這裏出生，"她補充說她以身為喀喀後裔而自豪。古隆與家人一起住在元朗，就讀於地利亞修女紀念學校（百老匯），當中不少學生都是巴基斯坦、尼泊爾或印度人後裔。

她說，父母很熱衷教她尼泊爾文化和古隆族歷史知識。作為一個社群，他們慶祝藏曆新年（Losar）——古隆族的新年和尼泊爾其他少數民族節日。"尼泊爾雖是個小國，但有眾多不同少數民族，文化多元，每個家族和種姓都有自己的文化、傳統和習俗，這就是為什麼這裏的社群會慶祝這麼多不同節日。"

古隆慶祝藏曆新年、達善節（Dashain）和光明節（Tihar）——後兩者是尼泊爾全國主要節日。"（這兩個節日大約在 10 月和 11 月。如果這時候去尼泊爾，景色非常美，"她說。但是在香港沒有像尼泊爾那麼大的空間來慶祝節日。"在尼泊爾我們會有盛大的家族聚會，接受長輩的祝福，還有很多'利是'！"

古隆與朋友 Elisa、Bithaya、Shresti 和 Anil 一起，為尼泊爾社區在香港電台"社區參與廣播服務"製作廣播節目。2016 年他們的首個節目是"榜樣：值得尊敬的人"，向香港尼泊爾年輕人介紹尼泊爾社群的典範；第二期節目"尼泊爾青年人圓桌會議"，邀請香港尼泊爾青年討論對他們和社群普遍都關注的議題。"話題涉獵很廣，從文化、潮流、理想到掙扎和成功，"古隆說。

斯里蘭卡人——
淚珠之國的旅人

斯里蘭卡人──
涙珠之國的旅人

斯里蘭卡，過去稱為錫蘭，1948 年 2 月脫離英國殖民統治成為獨立王國。今天香港有 2,000 至 3,000 斯里蘭卡人。當中有醫生、教授、商人及其他專業人士，約有 60 人在匯豐銀行工作；其他還有是家傭，有些是 20 世紀 70 年代來港的。70% 斯里蘭卡人在港時間超過 10 年，許多人擁有永久居留權，打算留下來。

他們來自印度洋中的一個島嶼──因其形狀，這個島嶼有時被稱為印度旁的淚珠。優越的地理位置和天然的深水港，讓她成為繁榮的貿易中心。在連接亞歐與中東的古絲綢之路時期，以至近期中國國家主席習近平推動的現代絲綢之路時期都是如此。然而其位置與肥沃的土壤招致侵略者紛至沓來，由印度人到葡萄牙人到荷蘭人，最終由英國人奪取，時維 1815 年。

英國人引入了大規模的茶和橡膠園，自此該島以生產和出口肉桂、橡膠和錫蘭茶聞名。今天，它是世界上第二大茶葉出口國。1948 年 2 月該島成功爭取獨立，取名斯里蘭卡。

→ 衛塞節期間，信眾在香港保良局林文燦英文小學禱告。

這一歷史使得該島成為多種文化、語言和宗教的國家。其人口包括僧伽羅人、泰米爾人、摩爾人、加萊人（Burghers，歐洲人，主要是葡萄牙人、荷蘭人和英國人與當地人所生的混血後裔）、馬來人、華人和原住民維達人（Vedda）。主要宗教則有佛教、印度教、回教和基督教。

在港斯里蘭卡傑出人士，包括醫療與公共健康病毒學家裴偉士（Joseph Sriyal Malik Peiris），2003 年他在香港大學實驗室首次分離出嚴重急性呼吸系統綜合症，或簡稱沙士病毒，令他聲名大噪。在中國南方爆發的沙士

疫症影響許多國家，造成香港近 300 人死亡。裴教授對 1997 年香港首次
爆發的禽流感研究亦起過重要作用。

2006 年，他成為第一個入選為倫敦皇家學會院士的斯里蘭卡人。2008 年
他獲授香港銀紫荊星章。2017 年，他被選為美國國家科學院外國成員。
2018 年 6 月，他還被著名醫學雜誌《自然》（Nature）評為十大＂東
亞科學明星＂ 之一。而斯里蘭卡裔香港諷刺作家努雷 · 維塔奇（Nury
Vittachi）和體育記者納茲維 · 卡雷姆（Nazvi Careem），也是為人熟知
的代表性人物。

斯里蘭卡佛教徒信奉上座部佛教，這是以僧侶紀律著稱的宗教分支，按字
面意思是＂長老學說＂。居港斯里蘭卡人慶祝主要的佛教節日，包括浴佛
節（佛誕）和紀念佛教初傳斯里蘭卡島的節日月圓節（PosonPoya）。以往
他們沒有自己的社區中心或寺廟，就在華人或泰國寺廟，或在室外空間慶
祝。

2016 年 12 月後，一切有了改變。由 2015 年抵港的斯里蘭卡僧侶
Venerable Sumiththa Thero 成立的斯里蘭卡佛教文化中心正式落成，設於
太子一座住宅大廈內。

→ Puthun 活佛在香港參加衛塞節。

Thero 回憶初到香港的情形："2015 年 9 月的一個午夜,我抵達香港。我誰也不認識,手上只有元朗區一座華人佛寺的地址。我把地址給的士司機,凌晨兩點鐘到達寺廟。我當時是來香港大學佛教研究中心修讀為期一年的碩士課程。"

他是斯里蘭卡中部城市康提以北 72 公里的世界遺產,丹布勒(Dambulla)金廟的住家和尚,該廟目前有 20 位僧侶。

學習的一年中,他在宗教節日上演講,後來社群邀請他留下來。"我遇到不瞭解我們文化的斯里蘭卡孩子。我開設課程教他們文化和佛教信條,他們有權瞭解自己的文化和宗教。"

於是,在完成課程後,他成立斯里蘭卡佛教文化中心,由 220 名成員慷慨

→ 香港衞塞節，工作人員為佛壇鮮花灑水。

捐獻，2016 年在太子一座住宅大廈租下場地。

2017 年 3 月，他們將中心遷至現址：土瓜灣上鄉道一幢商住兩用大廈的三樓。月租 15,000 港元，就香港房價來說並不算高。

他們在那裏舉辦宗教儀式和冥想課、上座部佛教研習、倫理課、佛教諮詢以及斯里蘭卡文化活動。又每年和紅十字會合辦捐血運動，更在一些公眾聚會免費派送食物。

"每月我們都和清真寺教長、錫克教領袖和基督教學者進行一次跨宗教對話，"他說。

"我們目前大概有 700 名會員。"由於場地太小難以舉行如 5 月 27 日浴佛

→ 衛塞節期間，香港保良局林文燦英文小學內掛著燈籠。

節等大型慶祝活動，他們會租用附近的保良局林文燦英文小學的禮堂。

"我們每日開放。斯里蘭卡人、華人、西方人、印度人和馬來西亞人都可以來這裏參拜。90% 以上的人懷著虔敬之心來此，有些人則因犯錯來尋求指引。"

他認為社群需要一個正式的寺廟，一個可以舉辦宗教和文化活動的固定場所。

"目前，我們已根據《香港社團條例》註冊為社團。我們已向民政事務局申請 2 萬平方呎的土地。"他說。

"他們正在處理申請。應他們要求，我們申請註冊為慈善機構。靠近樹林是最合適的地點，我們要建一個能容納 300 至 400 人的大殿，另加居所、廚房和表演傳統舞蹈和鼓樂的場地。我們會從斯里蘭卡請建築師和木匠，或許可以免費。"

"香港的斯里蘭卡僧人可住進廟內。我希望佛廟能有一個小型博物館來傳授斯里蘭卡文化和歷史知識。"

他的目標是讓寺廟在 5 年內啟用運作，之後他會回到斯里蘭卡，由另一位願意接管寺廟的僧人代替。"必須是個固定場所，那時我才能交給他人。因為計劃仍在進行，所以我現在還不能離開。"他說。

斯里蘭卡奉行上座部佛教，而西藏和蒙古追隨藏傳佛教，中國內地、台灣、韓國、越南和日本的信眾則信奉大乘佛教。作為上座部佛教僧人，今年 36 歲的 Thero 不可以結婚。

"佛教奉行無神論。"他說。"講求自身修行。心之所安，自有力量。各自造業，個別受報。你可以自我毀滅也可以修身立品。作惡將毀滅自身，為善則步向光明。"

1.　　對 Venerable SumiththaThero 的採訪。

2.　　《多元文化在行動：以港為家——孟加拉和斯里蘭卡裔香港人》，專案負責人譚小薇教授，arts.cuhk.edu.hk。

作家
與記者

維塔奇

→ 維塔奇熱衷觀察亞洲生活及其怪誕之事。

努雷·維塔奇（Nury Vittachi）的妻子是英國人，他們領養了三個華裔孩子，是真正的國際化家庭。這位 1958 年出生於可倫坡的斯里蘭卡裔香港人，是暢銷書《風水偵探》（The Feng Shui Detective）系列作者，也是香港國際文學節的聯合創始人。

"我來自斯里蘭卡，當時叫錫蘭。我 1958 年出生，正逢僧伽羅—泰米爾戰爭（Sinhalese-Tamil War）爆發" 維塔奇說。"我在可倫坡出生。斯里蘭卡只有一個大城市，所以基本上我們都是在可倫坡醫院出生的。不過我父親和香港頗有淵源，因此當我二十多歲結婚後到香港度蜜月，就再沒離開過。"

維塔奇的父親是一位獲獎記者，是亞洲最早一批的調查報導記者。斯里蘭卡戰爭爆發後，首相下令禁止記者報導，但是 "我父親認為這很荒謬，於是我父親 TarzieVittachi 寫了一本關於斯里蘭卡戰爭的書，並且偷運出境。"

這本書讓全世界都知道斯里蘭卡戰爭，也同時導致維塔奇先生和家人被迫離開斯里蘭卡，儘管後來也再度回國。其後他父親因敢於報導真相的勇氣，獲頒相當於亞洲諾貝爾文學獎的麥格塞塞獎（Ramon Magsaysay Award）。

維塔奇在英國接受教育但渴望回到東南亞。他和妻子回到香港，令他回想起一下飛機那種潮濕空氣撲面而來的感覺，"我記得我當時在想，這才是空氣應有的感覺。我到家了，真的到家了。"

斯里蘭卡族裔在香港是小社群，但是維塔奇說他們試圖非正式地創辦斯里蘭卡文化社團。"當斯里蘭卡家傭相繼到達，形成一股強大的推動力。有人嘗試成立斯里蘭卡組織，但都是非正式的。"

他也在家做孩子們喜愛的斯里蘭卡美食。雖然他覺得斯里蘭卡食物與印度食物相似，"但東南亞每個地方都總有一點變化。"

"斯里蘭卡食物用上大量椰奶，辛辣但美味。斯里蘭卡有兩種薄餅（hopper）；一種是中間有一個雞蛋的薄脆煎餅；另一種看上去像麵條，而實際確是麵條，放久了會結成餅狀，一聽上去有點惡心，但其實非常好吃。"

"我經常吃白咖喱魚，白的意思是不辣，不過這都是相對的，所以白的也能讓有些人辣得頭頂冒煙。白咖喱魚是早上吃的，但是很多西方人不能接受早上就吃這麼多辛辣咖喱。"

多年來，維塔奇在《南華早報》撰寫諷刺專欄 "利是（Lai See）"，不僅有大批熱情讀者提供建議，也帶來了一些法院傳票。"我把它們當做榮譽獎章，"他說。近來維塔奇通常同時寫三本書——一本非小說類型，"我一直對科學非常感興趣"，加上一本小說，還有一本兒童書。

"我父親是個穆斯林，母親是佛教徒，妻子是基督徒，那我應該是套餐吧，"他說。"當領養了三個中國孩子，有人說要他們在自己的文化中成長。技術性來說，他們應該是道教徒。只要其中一個孩子和猶太人結婚，那我們真就什麼宗教都有了。"

維塔奇除了在家做斯里蘭卡佳餚，也很鍾愛斯里蘭卡甜點。

"斯里蘭卡有很多可愛的甜點，"他說。"有一種甜點叫做愛情蛋糕（love cake），其食譜是從歐洲人——我想是荷蘭人那裏偷來的。多個歐洲國家曾殖民斯里蘭卡，每個國家的烹飪特色我們都保留下一點。我們偷來的愛情蛋糕，是一種口感濕潤豐厚綿密味濃的蜜糖蛋糕，入口即化。這種蛋糕最終一定會走向全球，因為它熱量十足，充滿魔鬼誘惑，真的很契合現代人口味。"

維塔奇多年來撰寫的許多報紙專欄和書籍，都包含了亞洲生活及其荒誕怪事。他還很熱衷觀察香港日常生活中的語言混合現象。

"其中一件有趣的事，是有好大一組詞匯，香港的華人以為是英文，而說英語的人，又以為是中文；但其實那大多數源自南亞如印度、馬來印度裔、伊斯蘭等群體的旅客。"他說。

這裏有幾個例子：

Catty（斤）——一種重量單位，常用於蔬菜量詞。這個詞既不是中文詞也不是英文詞，實際卻是馬來語。

"Shroff（繳費處）是另一個例子。"維塔奇說。"在印度語中它意思是收銀員。""Shroff"一詞最早使用於 16 世紀的英屬東印度群島，指收銀員或銀行家。

"Congee（粥）也很有趣。"他說，"因為對說英語的人來說，它聽起來太像中文了，卻起源於德拉威人（Dravidian）。"所以這是一個主要在南印度使用的詞匯。

"Coolie（咕哩）讓人聯想到戴著尖草帽的搬運工，但這個詞有可能源自 kuli，是印地語，意思是僱傭，"他說。它還與烏爾都語中"奴隸"一詞有關。

"還有什麼比 'palanquin'（轎子）更中國化的呢？"維塔奇指的是那種一個人坐在四面圍封蓋頂的箱子，由 4 或 8 人抬著走的交通工具。但

→ 維塔奇在家中為家人做斯里蘭卡美食。

"palanquin"來自梵文"palyanka",意思是床或長椅。

"我喜歡用這些例子展示南亞社群的封蔽性。我們既在那兒,又不在那兒,"他說。

還有上海外灘(Bund)這個詞。他說這是表示水壩的印地語詞匯。"浦江早期居民是中國人,但是沿著河岸拖拉駁船的卻是印度人。最終是由印度工人命名。我喜歡這個影像,因為它展示了南亞人在亞洲扮演的中間人角色,將東西方聯繫起來。"

體育記者

卡耐姆

→ 體育記者卡耐姆追隨父親 Nicky 進入新聞界。

納茲維．卡耐姆（Nazvi Careem）是一名獨立體育撰稿人，其文章常見於《南華早報》。這位資深記者於 1968 年從斯里蘭卡來到香港，那時他才兩歲。

"我出生於可倫坡，但我認為自己來自加勒（位於可倫坡以南海岸線）。我把香港當作自己的家，"他說。"我仍然心繫斯里蘭卡。我經常定期回斯里蘭卡度假，很多親戚在那裏。所以斯里蘭卡仍然是我生命的一大部分。"

卡耐姆的祖父於 20 世紀 50 年代來到香港，他兒子尼基（Nicky）（卡耐姆的父親）追隨而來。尼基是家族中第一個迷上記者行業的人。"實際上我爸最早是做珠寶生意的，"卡耐姆說。"當時他在免稅店工作，他們在尖沙咀有一個辦事處。所以他基本上都在香港，但是回斯里蘭卡安排結婚。之後返回香港，到他覺得我們差不多大了，就把我們帶來香港。香港一直是我們的家。"珠寶生意結束後，尼基轉向他的摯愛事業——記者，為香港多家出版物工作多年，其中包括《香港虎報》、《南華早報》和 20 世紀 80 年代一家叫作《中國消息》（China Source）的雜誌。

"他熱愛那份工作，"作體育撰稿人的兒子說道，"因為他可以經常去中國旅行。那時鄧小平（前中國最高領導人）剛剛向全球開放中國，而我父親

有點親華。"卡耐姆講述起父親如何告訴他，那時在大陸棕色膚色很新奇，"作為一個棕色膚色的人，他經常被人包圍。"

在家裏，作為 7 歲孩子父親的卡耐姆說是食物體現了家人的"斯里蘭卡情結"。"我們有些近親也住在尖沙咀，我們互相到對方家裏作客。我想說，我們在香港的生活方式中，20% 是關於'斯里蘭卡情結'。它就在那裏，雖很強烈但不是壓倒一切的生活方式。"

卡耐姆先後進入兩所英基學校協會學校學習——英基筆架山小學和英皇佐治五世學校，他在那裏愛上了團隊運動，成為學校曲棍球隊隊長，幾年後他表弟和弟弟也同他一樣。"我親弟弟和表弟隨後加入'香港男學童隊'，"他說，這是香港學齡男童曲棍球"國家"隊。

卡耐姆先生說母親赫蓮娜．迪恩（HaleemaDheen）是個技藝高超的麵包師。所以他是吃著斯里蘭卡佳餚和歐式蛋糕、甜點長大的。"我媽是個甜點師，有一次她做蛋糕甚至上了電視。她的蛋糕是殖民地風格——曲奇餅乾和麵包布丁，我們都愛吃。"

後來她利用斯里蘭卡廚藝在雲咸街開了著名的斯里蘭卡俱樂部，所有人都可來吃自助餐，直到 2000 年一家人離開香港才將之結束。"在家裏我

→ 卡耐姆和哥哥、表兄一樣是英皇佐治五世學校曲棍球隊隊長。

們會吃我愛的斯里蘭卡咖喱雞。如果有人把印度
菜和斯里蘭卡菜混為一談,我爸就會生氣,他感
覺這就等同於說意大利菜和法國菜是一樣的。我
們也會吃斯里蘭卡傳統碗餅,類似平面煎餅,但
是碗狀的中間臥著一個雞蛋。我媽也會做看似麵
條的米粉,用產自椰樹的棕櫚糖做美味甜點。"

作為斯里蘭卡穆斯林,卡耐姆說斯里蘭卡所有節
日他並不都過。但他保留了齋月,並以斯里蘭卡
的方式來過。他說,齋月的第一晚他母親會做一
桌盛宴,有咖喱雞蛋、木豆咖喱湯、雞肉和土豆
咖喱。

他說,很多同學都不知道斯里蘭卡在哪裏。"記
得有一次我對自己的生日撒謊了,"他說,"其
他人都是 7 歲,只有我沒到 7 歲。那天是斯里蘭
卡國慶日,於是我的老師莫頓女士借此機會讓每
個人都瞭解我們的國家。我就是在那時知道斯里
蘭卡以茶聞名。"

1. 　　《多元文化在行動:以港為家——孟加拉和斯里蘭卡裔香港人》,
　　　　專案負責人譚小薇教授,arts.cuhk.edu.hk。

紡織、孟加拉
文化與穆斯林

紡織、孟加拉文化與穆斯林

現在的孟加拉曾是英屬印度的一部分。1947 年印巴分治時，如今的孟加拉領土撥歸巴基斯坦，經過長達 9 個月苦戰，1971 年，孟加拉贏得獨立。然而也因此付出高昂代價——300 萬人失去生命。

據估計，現今香港有 600 個孟加拉家庭，或總數 1,500 人。香港的孟加拉人以穆斯林佔大多數，另有少數印度教徒或佛教徒。在港穆斯林一般都會慶祝主要的穆斯林節日，如開齋節。他們會先聚集在本地清真寺作晨禱，之後彼此探訪。每周五他們一起在香港的清真寺祈禱，聆聽教長講道。孟加拉印度教徒則和其他來自印度西孟加拉邦的印度教徒一起禱告。孟加拉印度教徒一年中最重要的節日是 9 或 10 月舉行的難近母節（又稱都加女神節，Durga Puja）。節日持續數日，除了精心裝飾寺廟、佈置舞台外，還會背誦經文、表演和遊行。每年的難近母節，香港孟加拉印度教社群都會從印度邀請一位祭司來港主持宗教儀式。

香港孟加拉工商會主席伊克拉・艾哈邁德・汗（Ikram Ahmed Khan）說，首批孟加拉人於 1964 年到達香港——甚至比孟加拉獨立還要早。"1971

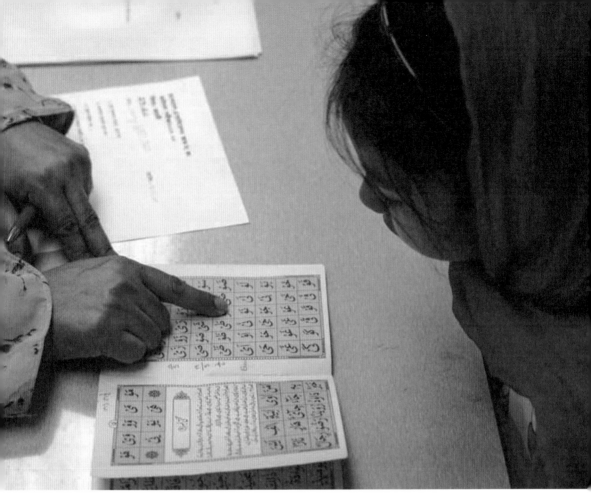

→ 在香港孟加拉協會，教師在週末學校的期末考試中指導一名兒童背誦孟加拉語。

年獨立以前很難拿到護照，1976 年孟加拉在香港設立領事館，我們能拿到
為期 3 個月的落地簽證。但大部分孟加拉移民選擇去歐洲和北美的英語國
家。"

孟加拉成立初期面臨許多困難。由於分裂後，巴基斯坦沒有跟孟加拉分享
財富，所以孟加拉沒有外匯儲備。1974 年 3 至 12 月，孟加拉發生饑荒，
據估計死亡人數達 150 萬。1975 年 8 月 15 日，時任總理 "孟加拉之父"
謝赫・穆吉布・拉赫曼（Sheikh Mujibur Rahman）遭政變軍人暗殺身亡。

→（從左至右）汗與生意夥伴 Mohammed Ali Pasha 和 M. Kamal A. Pasha。 1990 年 汗和家人來到香港。

軍方奪取了政權，導致長期政治和經濟動盪。另一個打擊是勢之所趨，全球漸以塑膠取代黃麻，作為包裝材料。黃麻是孟加拉最重要的經濟作物之一，1947 至 1948 年，孟加拉生產的黃麻佔世界總產量 80%，至今仍是世界第二大黃麻生產國。

汗說這些因素引發了 1980 年代的經濟移民潮。1980 年代末，來香港的孟加拉人人數大增，他和家人於 1990 年來港。

"他們來港為孟加拉成衣工業的公司工作，為商品尋找買家，或在中國採購布料及其他材料。" 孟加拉是全球最大的成衣生產國之一；2017 年，服裝佔該國出口總值 80% 以上，達 250 億美元。

"香港的孟加拉人在成衣公司、銀行、船運公司工作，還有的做政府翻譯員。人人都是長期居留。大多數人擁有香港護照。他們回孟加拉做生意或過暑假。"香港亦有幾百名孟加拉家傭，政府的目標是招聘到 10,000 人。

汗對香港貿易環境讚不絕口。"香港是全世界對商務簽證最友善寬容的地方之一，香港投資推廣署為所有投資者提供支持，公司秘書可以在一天內成立一間公司。香港回歸以來，我並未看到中央政府對貿易有任何干預，而是將香港視為增長動力。我都叫朋友來港投資。97 以來，多虧了中央政府對三合會（香港黑社會）的控制，香港變得更安全了。回歸前，三合會經常偷車、搶劫商舖，回歸後不見此現象，沒人向我要過保護費。"他說。

"由於中央政府倡議一帶一路，孟加拉變成了第二個東莞——中國的一個製造中心，"他補充說，他所提的倡議，指的是中國在一些具有戰略重要意義的國家增加基礎設施投資，從而促進貿易的計劃。"自 2016 年（中國）國家主席習近平訪問孟加拉以來，已撥出約 400 億美元用於資助孟加拉的多項計劃。孟加拉政府應該強制學校教授普通話。我們有擁有香港護照、會說普通話的孟加拉男孩，中國公司可以把他們派往孟加拉辦事處或工廠工作。因為他們根基、家庭都在香港，中國公司可以把他們視為更可靠的人。"

他說香港也沒有伊斯蘭恐懼症。"作為穆斯林，我們在香港有更多自由。我們有言論和進行宗教活動的自由——其他宗教和少數族裔也如是。香港政府近期批准分別在油麻地和上水興建兩座新清真寺，而有些國家不允許興建新清真寺。"

"我們不覺得遠離孟加拉，我們每天都和孟加拉交流。第一代移民，像我和妻子，沒有身份危機，"他說，但他暗示情況可能會有所變化。"第二代人會說孟加拉語，但不會讀寫。這意味著他們在孟加拉生活會感到不自在。那他們還怎麼管理當地人？他們看不懂孟加拉語的文件和短信。"

"文化衝擊來了，將沖淡族群特性。這裏的孟加拉年輕人和華人、英國人結婚。香港人沒時間搞歧視，他們太忙了。香港男人生來不具侵略性，我們的女性從沒抱怨過被人盯著看或受威脅，種族歧視非常少。"

汗說香港具有很多優勢——卓越的貿易環境、可靠的法律體系和安全氛圍，對非華裔或特定宗教並無偏見，還有健全的公共醫療體系。缺點是成本太高，尤其是住房和教育。"這裏的教育系統對學生不好和沒有前瞻性。功課太多、壓力太大；老師們工作過度。"

"孟加拉父母選擇一年學費高達 10 萬港元的私立學校。生活成本太高，以至孟加拉年輕人寧可住在廣州、昆明或上海。沒有孟加拉年輕人來港，除非是獲得獎學金的學生。我的一個侄子獲得香港大學土木工程系的獎學金；他是個明星學生，已得到奧雅納工程顧問公司（Arup & Partners）的工作。我們希望新一代人才到來，更希望讓他們更快獲得簽證。香港政府想鼓勵科技專才，孟加拉在這方面是非常強，我希望香港能引進孟加拉人才。"

做一名虔誠的穆斯林、遵守齋戒月困難嗎？"不難。可以在日出和午餐時

→ 孟加拉的年輕一代可以自主選擇職業。兩名學生在香港孟加拉協會的週末學校就讀。

→ 學生在香港孟加拉協會週末學校準備上課。

祈禱。下午可以在辦公室祈禱幾分鐘。我在辦公室放了一張祈禱墊。"齋戒月持續一個月，日出到日落期間，一個虔誠的穆斯林不可飲食、進行房事或做罪惡之事。"齋戒月是受歡迎的。我有點內疚，因為我有冷氣，有廚師為我煮食，而其他穆斯林兄弟在烈日下工作。越是困難，他得到的祝福就越多。上天會愛那些更純粹的人。"

清真食品難找嗎？"香港在這方面落後於其他地方。清真食品在全球有近一萬億美元的生意，但清真食品在這裏很難找到。如果提前預定，一些酒店如喜來登、港麗和假日酒店，可以提供清真菜單。不到 5% 的香港遊客來自穆斯林國家；如果清真食品更容易獲得，穆斯林感到更受歡迎，這個數字可能是 15%。"虔誠的穆斯林不應該喝酒，這對像汗這些經常參加社交活動和晚宴的生意人來說是個問題。"在日本，到處都能找到無酒精啤酒和清真香檳。他們會提供不曾沾過酒精的清真酒杯，這是香港缺失的一點。當我坦誠地說

　　　　　　　Chapter 6 —— 紡織、孟加拉文化與穆斯林

出我的要求，他人不會有異議，他們尊重我的準則。"

→ 孟加拉協會

2003 年 10 月，在本國僑民的支持下，香港孟加拉協會成立，旨在促進孟加拉團結、文化和語言。它為孟加拉兒童提供學習母語——孟加拉語的場所，這門語言在本地學校或機構都沒有教授。協會另一目的為推廣南亞文化，更希望藉此作為其他文化的橋樑，建立關係。該中心提供孟加拉文化相關資料——從語言到音樂舞蹈，同時更推廣基礎孟加拉語、阿拉伯語和其他語言的讀寫能力。"這讓我們在不同的文化環境下，熟習和強化自己的文化，鞏固文化傳承。"該中心官網如是說。目前該中心有 1 名主管和 6 名教師，已有 30 名學生註冊，學習孟加拉語和阿拉伯語。孩子也學習孟加拉音樂和舞

→ 週末學校校監 Lubna Farhin 在香港孟加拉協會主持學生期末考試。

蹈，在特別節日中表演。為保持文化和宗教傳統的活力，該中心組織板球和羽毛球錦標賽，舉辦國慶日、孟加拉新年、開齋節和佛誕慶典。

孟加拉政府在港設有領事館，負責香港和澳門，由其外交部指派的外交家馬哈穆德（Mohammad Sarwar Mahmood）擔任總領事。他在 2018 年的一次投資研討會上說，香港有 150 家孟加拉公司，集中於成衣、皮革、電腦軟件和醫藥行業。香港有三家孟加拉銀行。他說，對孟加拉來說，"香港是個超級連接器"，有助於促進孟加拉的貿易和金融。"香港是主要的金融中心、至關重要的亞洲採購與分銷中心和全球貿易的門戶。歷史上香港與孟加拉貿易往來活躍。"香港是孟加拉第七大外國投資者，至 2017 年 9 月底累計直接投資達 7 億 6 千 9 百萬美元。2017 年，雙邊貿易額為 17 億美元。

2017 年，孟加拉國民生產總值（ GDP ）達 2,500 億美元，位居世界第四十四。到 2030 年，它的目標是達到第二十八位。相較 2009 年 1,000 億美元的 GDP，2017 年增長了 150%。中國已在孟加拉投資 400 億美元，主要是大型基礎建設項目，作為其一帶一路倡議的一部分。截至 2017 年 9 月底，中國內地在孟加拉累計投資 2,837.7 億美元。

→ 商會

2017 年 3 月，香港孟加拉工商會以貿易促進組織的身份成立，現有 45 個公司會員和 14 個非正式會員。目的是確立和維持與企業、政府、其他商會和相關機構的有效夥伴關係，藉此建立和加強孟加拉與香港、澳門和中國內地之間的聯繫。

它還意在發起、支持或反對影響孟加拉、香港和中國內地貿易、商業、航運和製造業的立法或其他政策。它是一個非牟利組織，以會費和其他收入，向希望與孟加拉進行貿易的香港和中國企業和機構提供支持和資源。

商會主席汗表示，近年來，孟加拉、香港、澳門和中國內地之間的社會、政治和商業聯繫已顯著加深。"商業友好的環境和有競爭力的公司稅制，鼓勵更多孟加拉企業來港開設業務。同時，孟加拉已成為亞洲投資環境最友好的國家之一，低廉的勞動力成本已吸引很多香港、澳門和中國內地公

→汗在一次議會活動中接受媒體採訪。

司在孟加拉投資。"

汗還是順承集團常務董事,這是一家國際貿易投資公司,業務包括生產、銷售和運輸水泥及相關原材料以及煤炭,它還有包裝和裝卸業務。公司成立於 1988 年,總部設在香港,在亞洲及中東地區 18 個國家設有分公司,員工逾 2,000 名。

1.　　2018 年 5 月 22 日對汗的採訪。

紡織工業 與慈善事業

馬蘇特

→ 馬蘇特和妻子 Umme Kulsom Bonnie（右），兩個女兒 Zareen Tasnim Alam 和 Simine Tasnim Alam。

馬蘇特（Dewan Saiful Alam Masud）在香港生活超過 25 年。他有兩個女兒，在孟加拉經營一家服裝製造公司。馬蘇特同時是一個熱心的積極義工，大量的義務工作，獲得多個非政府組織和香港政府的肯定。

馬蘇特出生在孟加拉歷史名城婆羅門巴里亞（Brahmanbaria）附近，畢業後在那裏的一家紡織廠工作。1993 年 2 月公司將他派往香港，他花了數月才適應香港生活——香港沒有孟加拉餐廳，他很想家。香港又小又貴。

"但漸漸地我就適應了，" 他說。"我開始慢慢地嘗試中國菜。我想對每個適應期的人來說這是正常的。"

現在他和妻子 Umme Kulsum Bonnie 及兩個女兒——16 歲的 Simine Tasnim Alam 和 14 歲的 Zareen Tasnim Alam，大部分是吃孟加拉菜。但他也發現在香港出生成長的兩個女兒，漸漸培養出對日本料理、中國菜和其他菜系的興趣，因此現在家裏的菜更具 "融合" 風味了。

"我喜歡傳統孟加拉菜，但我有點超重——我太愛吃香料炒飯（biryani）了。孟加拉人還喜歡吃甜食，所以我要注意卡路里。孟加拉處處河流，因而我們喜歡吃各種河魚，不管是咖喱還是煎炸。"

他的女兒曾在英基學校協會學校就讀，現都是何文田英皇佐治五世學校的學生。馬蘇特熱衷於維持孟加拉文化遺產，即 "父輩祖輩傳下來的文化，但我明白住在這裏要融合一點當地文化。"

馬蘇特曾任兩屆香港孟加拉協會會長。他還協助為孟加拉兒童組織週末活動，讓他們在活動中學習音樂舞蹈和其他方面的本國文化。因在港的孟加拉人有 85% 是穆斯林，所以也學習阿拉伯語以閱讀穆斯林聖經《可蘭經》。

"這是每週六開班的週末學校。我們的孩子學習土風舞、唱孟加拉歌。我們還請一些著名藝術家來表演，如歌手 Runa Laila 和 Sabina Yasmin。

馬蘇特的女兒在家說英語和孟加拉語。"當然，對孩子們來說學不同語言壓力很大，" 他說。"在學校她們還要學普通話和一門歐洲語言。"

馬蘇特當初因公司調派來港，之後開始自己的紡織生意，現已有很長時間。1999 年起，他一直擔任 DSA 國際公司香港和達卡行政總裁。他說香港的孟加拉社群，大多數與紡織業有關。

"孟加拉有 5,000 家生產成衣的紡織廠，" 他說。"他們需要從中國進口如布料、紐扣和拉鏈等材料。在孟加拉縫製好的衣服，出口到美國和歐洲。

孟加拉是中國以外第二大成衣出口國。"

馬蘇特認為孟加拉是一個值得遊客進一步探索的
國家。"我認為因為孟加拉人大部分是穆斯林，
因此在酒精飲料方面有點保守，所以大家寧可去
其他地方，"他說，但只要他們走出人滿為患、
交通阻塞的達卡，就能發現其祖國之美——如世界
上最長的未受打擾的天然海灘 Cox's Bazaar，還
可參觀茶園，他說。1840 年英國東印度公司在吉
大港開拓茶葉貿易，因此那裏有著悠久的傳統。

為非華裔少數族裔作出的貢獻，讓馬蘇特入選非
政府組織小彬基金會 2017 年多元名單（以少數
族裔自薦名單形式，向政府推薦加入政府的諮詢
委員會）。他還積極參與其他非政府組織，2013
年獲頒行政長官社區服務獎狀。

→ 馬蘇特和家人在一次社交場合中。

從餃子
到印度咖喱

從餃子
到印度咖喱

南亞人在香港歷史悠久，他們帶來的重要影響之一是豐富多樣的菜餚。據估計，他們擁有或管理整個香港 10% 的餐廳。

南亞菜餚和該地區的人民、宗教和語言一樣豐富。其中包括印度西北旁遮普充滿牛油香的印度香米炒飯。旁遮普是印度乳製品最大生產地之一——形成了印度菜的一個重要部分。

印度有超過 300 萬蔬食者——比世界其他蔬食者的總和還要多。西部齋浦爾邦（Rajasthan）的蔬食者比例達到 75%，居印度全國之首。這就帶來了豐富的蔬食和素食菜餚，在香港街上很容易便找到。印度餐廳提供種類豐富的美味蔬菜、豆類和水果，還有套餐盤、咖喱南印烤餅、辣咖喱、輕食和糖漿炸奶球。為滿足廣大需求，很多餐廳會提供肉類、蔬食和素食選擇。

所以，在印度旅途上不妨大膽一點，試試新口味。由南到北，把不同的印度味道帶回家吧。

→ 爵樂印度餐廳內，廚師 Kamal Kishore 在製作蒜味印度烤餅。

香港有很多清真美食，包括巴基斯坦、印度和孟加拉食物。也有好幾家斯里蘭卡餐廳，其中一間位於上環的餐廳提供地道的斯里蘭卡街頭美食。

和其他菜餚相比，南亞美食的價格普遍非常合理。一道主菜價格通常在 100 港元以下，許多小菜則約在 40 港元。走進九龍彌敦道挨挨擠擠的重慶大廈，裏面有大量小吃，包括咖喱角、印度烤餅、烤麥餅和豆蓉，價廉物美。生日派對或商務午餐選擇也不少。尖沙咀是一個絕佳的印度美食中心，但在港島、九龍和新界等香港各地都可品嘗印度美食。好好享受吧！

→ 爵樂印度餐廳

在尖沙咀亞士厘道有一家香港歷史最悠久的印度餐廳，它是 1972 年由商人 O.P Seth 成立的爵樂，幾年後，餐廳轉手夏利里拉集團。1991 年，拉傑夫・巴辛（Rajeev Bhasin）從德里受聘來港管理。稍後他和其他投資者組成 Mayfare 集團，將餐廳收歸旗下，巴辛成為集團總經理，一直負責爵樂和集團其他的投資。

"我在香港已經有近 30 年了。"他說："我在這裏見過彭定康（香港最後一任總督），許多寶萊塢明星，還有板球之神 Sachin Tendulkar。他在 1995 年回到這裏，代表印度來港參加香港國際六人板球賽。我邀請他們整隊球隊來我們餐廳。我還有他送我的一頂簽名帽子呢！"

→ 茴香種子和其他香料混合，用以餐後清新口腔。

→ 爵樂印度餐廳前矗立著一尊濕婆神像，歡迎到訪客人。

爵樂主打北印度菜，也供應其他地區的特色菜，更會依時令選材。

巴辛的 Mayfare 集團在 2014 年從啟隆集團接手爵樂，他說許多客戶已經是光顧了好幾代人。"我們有一些印度夫婦，從 1972 年啟業到現在，每個月總有兩三個週末過來。"

爵樂（Gaylord），顧名思義，就是快樂神。餐廳前迎接客人的，是印度諸神中權力最高的濕婆神雕像。"你去任何夏利里拉的企業，都會看到濕婆的雕像。不管是在金域假日酒店或者他們其他任何國際業務，進口處都會有濕婆，迎接祝福每位客人的到來。"

在提供時令菜式之時，爵樂的主打仍是北印度的特色菜，包括咖喱角、印式烤雞、串燒羊肉、烤大蝦、乳酪菠菜、香草薯仔燴椰菜花（aloo

Chapter 7 —— 從餃子到印度咖喱

gobi），以及牛油雞和洋蔥紅茄香汁燴雞球。

巴辛說："我想，出外吃飯就是要找些有特色的吧。沒有人會在香港的家裏有一個天多利（tandoori）爐，所以他們不能在家裏做天多利印式烤雞，或在家吃到印度烤餅，不會是炭爐烤出來的。菠菜蓉芝士（saag paneer）要在家裏做也相當麻煩。"

他表示，香港這些年來飲食習慣有所改變。在香港，印度餐廳以一個價錢任吃的自助餐著名。雖然現在仍有自助餐，但是人們更強調健康、正宗的印度口味。所以，客人可以點餐前小吃式的印度菜，什麼都可以嘗到，而餐量又不會過大。而且，巴辛說，公眾越來越注重健康，於是他們嘗試減低用油量的同時，亦會盡力保持食物原有風味。

"我們有一道簡單的黃扁豆，而燒烤總是健康的。只有印度菜和中東菜，麵包是即叫即造的。我們可以在你面前，用炭燒焗爐 20 秒焗好一個印度烤餅（naan）。這正是樂趣所在。"

"我們的烤肉用炭燒，來自天多利爐的味道，泥爐真的了不起。帶一股煙熏的香氣，麵包也如是。這種味道在一般的麵包店是買不到的，因為他們經常添加乳化劑和其他化學品。我們也用酵母，可是我們的酵母是酸乳酪。"

在德里長大的巴辛得母親啟蒙，認識各區不同菜系。母親的烹調也會隨著季節轉換——冬、夏、雨季；還有幾個世紀以來，印度的殖民者，包括葡萄牙人，對印度菜都有影響，他說。

在印度，有大約 200 種芒果品種可供選擇，所以，在炎炎夏日，有簡單又可口的冰鎮奶昔芒果，先把多思利（Dussehri）芒果的頂切掉，然後喝裏面的清新芒果。這種軟軟的綠芒果，通常在每年 5、6 月在北印度上市，當然，還有在來自西印度的芒果之王阿芳素（Alphonso）芒果。

"在夏天，我們有多款玫瑰味飲料，不同的香料炒飯（ biryanis），各種的烤芒果。就像燒粟米一樣，我們也燒芒果——燒烤芒果！"

你可以用這些創作出一種水果小食拼盤，什麼都有一點，包括燒波蘿！

→ 堆得滿滿的印度薄餅。

爵樂的駐店場歌手 Mushtaq Hassan 來自德里，出生在德里著名的古典音樂世家，但他在餐廳的演出可以是寶萊塢風格，也可以是蘇菲派（sufi）風格，他還接受客人點唱。

"我們有工作了 25 年的廚師，還有一個廚師已經 65 歲了，剛退休。他以前在天多利爐區工作。客人都不需要開聲，只需一個眼神交流，烤餅馬上到桌。"巴辛說。

→ 清真餐廳

位於荷李活道的 Jashan 餐廳和 JoJo 餐廳是香港頗有地位的餐廳，後者開業已超過 30 年。他們提供清真認證的南亞各地的招牌菜。這兩家餐廳是 Uppal Hospitality Group 旗下的七家餐廳之一。它們由該集團執行董事庫

→ 位於荷李活道的 Jashan 印度餐廳。

爾德普・辛格・厄柏爾（Kuldip Singh Uppal）創立，早在1980年代中期，他就開始為父親的 Jo Jo Mess 幫忙。除了這七間餐廳外，他們也為國泰航空提供機上所有清真和素食餐。

1982 年，厄柏爾和哥哥 Sukwinder 從旁遮普省的賈郎達爾來港，那時他的父親 Tarsem Singh 正在香港警隊服務，駐守昂船洲。厄柏爾於之後 1985 年於灣仔開了 Jo Jo Mess，也就是現在的 JoJo 餐廳。他那時在餐廳做侍應，哥哥和母親則任廚師廚房。

厄柏爾曾告訴《南華早報》資深作者 Bernice Chan，他早年一天工作 18 個小時，結束白天的工作後晚上接著在餐廳工作；開始那段時間精疲力盡。如今三十多年過去，厄柏爾講述他最近如何展開美食之旅，以 "呈現各種地理和文化對印度食物的影響，重點在 '南亞大幹線'（連接南亞和中亞的一條古道，從孟加拉吉大港延伸至阿富汗喀布爾），這條線上從阿富汗

→ 位於駱克道的 JoJo 印度餐廳。

到孟加拉食物各具特色。"

因此，JoJo 的餐牌涵蓋咖喱扁豆燉肉（Ddhansak）（一種由羊肉和扁豆製成的巴斯菜）、孟加拉辣魚湯以及伊朗和阿富汗菜餚。

2003 年，Jashan 餐廳於荷李活道開業，今已發展為齋戒月每晚開齋第一餐的去處。它還為幾大清真寺供應社交活動餐飲。 特里 ‧ 馬哈茂德（Terry Mahmood）是厄柏爾的營運總監，15 年前將他從杜拜請來主理餐廳。

"我在巴基斯坦出生，之後和父母去了杜拜，"他說。"在那裏唸書，跟著在管理學校進修。隨後加入杜拜萬豪酒店，接著是喜來登酒店。"

"這裏有這麼多領事館。"他說。作為一家清真認證的餐廳，來自馬來西亞、印尼、阿聯酋和沙特阿拉伯領事館的員工都是 Jashan 的常客。他們的菜式包括印度菜、巴基斯坦和孟加拉菜，高水準的食物讓它成為 2013 年香港第一家登上《米芝蓮指南》的印度餐館。

主廚阿尼爾 · 達特（Anil Datt）亦榮獲 2017 年香港優質旅遊服務大獎。

"我們非常注重食材質量。"馬哈茂德先生說。"食材全部來自印度，不過我們的主廚是在這裏研製食譜。我們不用味精，盡量保持食物清淡。"

清真特色菜有喀什米爾咖喱羊肉、雜錦燒烤和海得拉巴羊肉香料炒飯。餐廳也提供其他巴基斯坦菜，如咖喱雞鍋和白沙瓦烤肉餅。

如果喜歡吃辣，馬哈茂德推薦果阿辛辣咖喱羊肉。另一道特色菜是燉羊腿，這是一道需要慢慢燉煮的菜，羊腿需先醃製一天，再燉煮至少三個小時方可上桌。

那麼清真在食物方面意味著什麼呢？這是《可蘭經》規定的穆斯林飲食標準。"所以肉必須以某種特定方式屠宰。"馬哈茂德說。"我們的食材有澳洲雞和新西蘭雞，也有羊，我們有香港回教信託基金總會的證明，證明食材是百分之百的清真。他們會來抽查。"

Jashan 餐廳還供應德里街頭小吃，包括香料煮蔬菜（chaat），一口一個的迷你小吃。還有炸脆球（dahipoori），一種圓形、空心的炸脆麵團，裏面塞滿了羅望子醬、辣椒、薯仔、洋蔥、咖喱蔬菜和鷹嘴豆。

還有著名的香料水醬炸脆球（golgappa shot），水醬可以混合果汁、小茴香、碎羅勒葉和薄荷，然後倒進脆球進食。馬哈茂德說餐廳還有雞肉咖喱角。"香港沒人做這個，我們是第一個引進的。"他說。

排燈節時，餐廳也提供自製新鮮甜點，銀行和其他商戶會買禮盒裝送給客戶，家庭和其他顧客亦來購買。甜點中有無花果牛奶糖（injeer burfi）、腰果片（kajukatli）、牛奶軟糖（doda burfi）、糖漿脆球（boondiladoo）、杏仁奶糖（almond burfi），按傳統由牛奶、糖和豆蔻粉製成的印度甜食，每逢節慶活動，一定不會缺少。

以下是上述印度餐廳和其他推薦印度餐廳地址：

≡ Jashan 印度餐廳
　　* 提供豪華自助午餐，週日早午餐和自選晚餐
　　中環荷李活道 23 號金珀苑 1 樓
　　電話：3105 5300 或 92014775

≡ JoJo 印度餐廳
　　駱克道 37-39 號得利樓 2 樓
　　電話：2527 3776

其他南亞清真餐廳推薦：

≡ 阿拉丁咖喱屋
　　羅素街 60 號富興大廈 2 樓
　　電話：2808 0250

≡ 石崗咖喱屋
　　元朗阜財街 14 號地下
　　電話：2476 7885
　　（石崗咖喱屋自 20 世紀 70 年代開始為英軍提供印度食物，其咖喱依然深受歡迎喜愛。）

≡ Bombay Dreams
　　中環雲咸街 77 號嘉兆商業大廈 4 樓
　　電話：2971 0001

→ 南印度素食選擇

雖然南印度菜很大一部分是素食，但不能一概而論。在泰米爾納德邦
（Tamil Nadu）最南端的一些地區，許多菜中含有羊肉和雞肉。不過，為
了本章節的主題及迎合乳素主義者、純素食主義者和耆那教素食者的需求，
這裏推薦的是以南印度菜為主的香港素食餐廳，儘管有些餐廳的菜單上也
有北印度菜。

說到香港的"印度素食主義者"，活蘭（Woodlands）印度素食餐廳是首選。
這家位於尖沙咀的簡單直接的餐廳，自 1981 年以來一直提供南印度素食。
還有一個加分項目是，餐廳的印度菜，是為在港印度人而設的，而這批也

→ 芝士菠菜，茅屋芝士加菠菜茸。

是餐廳的主要顧客，換言之，是貨正價實的南印度素食。在TripAdvisor上，有人曾稱讚這家餐廳有"我在印度以外嚐過最好的印度煎薄餅（dosa）"。另外可試試美味的套餐盤——一個大淺盤裏盛有不同的印度美食。

新意達（Sangeetha）餐廳是連鎖店，總部和起源地都在印度清奈（Chennai）。南印度和北印度食物皆有，但餐廳的專長在來自傳統烏杜皮（Udupi）和切蒂納德（Chettinad）菜系的南印度菜。烏杜皮菜主要由穀物、豆類、蔬菜和水果組成。切蒂納德菜則起源於泰米爾納德邦，使用各種香料，菜式用的是新鮮研磨的香料咖喱。新意達餐廳供應的是地道的印度菜，其做法受到蒙兀兒（Mughal）和中國菜的影響。它的菜單上有超過20種煎薄餅（dosa）和各式厚煎餅（uthappam）——一種食材加入麵糊一起煎成。

→ 用青椒做成的烤辣椒串。

的厚餅）。還有蔬菜麥粉糕（rava kichadi），以粗小麥粉混合蔬菜製作而成。推薦酸豆湯（sambar）——一種以扁豆為基礎的蔬菜燉菜，起源於泰米爾納德邦。這兩間餐廳都可應要求提供耆那教素食——這種素食主義者不食用根莖類蔬菜，如蒜頭和洋蔥。

在其他篇幅出現過的 JoJo 印度餐廳、爵樂印度餐廳和 Jashan 餐廳也提供不錯的南印度菜和素菜。

以下是上述素食餐廳和其他推薦素食餐廳地址：

≡ 活蘭印度素食
　尖沙咀麼地道 62 號永安廣場 UG 16-17 號舖
　電話：2369 3718

≡ 新意達素食餐廳
　尖沙咀麼地道 62 號永安廣場 UG 層 1-5 31 舖
　電話：2640 2123

≡ SaravanaaBhavan
　尖沙咀亞士厘道 23-25 號雅士利中心 4 樓
　電話：2736 1127

≡ Branto Pure Veg Indian Restaurant
　尖沙咀樂道 9 號 1 層
　電話：2366 8171

→ 吃遍“佐敦小尼泊爾”

時間尚早，佐敦的夢娜餐廳（Manakamani Nepali）還未到午餐時間。這家不起眼的餐廳，實際上是品嚐尼泊爾和印度菜的好去處，貓途鷹、餐廳指南和其他香港論壇均有推薦。從咖喱角、餃子到咖喱蕃茄燉羊肉，應有盡有。

Susma 是佐敦這一帶的常客。作為退役喹喀軍官的女兒，這尼泊爾女孩能說三種語言：尼泊爾語，粵語和英語。佐敦有好幾家尼泊爾餐廳，此外還有尼泊爾美容院、珠寶店和雜貨店。夢娜以加德滿都附近的一座寺廟命名，“那裏的纜車是尼泊爾第一輛纜車”，Susma 說，她的父親現時就住在加德滿都。

→ 豆蓉飯，一道混合豆子、扁豆和熟米飯的佳餚。

→ 在 The Hello Kitchen 能吃到尼泊爾傳統乾肉。

經 Susma 推薦，我們點了一些清淡的食物，如稱作 momo 的餃子。"談到食物，我和朋友們在一起時總是開餃子聚會。每個人都喜歡餃子！所以我們一起包餃子，會做三種口味： 雞肉、豬肉和素餡。"

她說，如果做豬肉餡的，要濕潤多汁，可以額外添加一些肥肉，然後再加上點紅洋蔥、大蒜和鹽。"雞肉道理相同。因為雞肉可能會太瘦，加點牛油和椰菜能讓它美味多汁。"素餡則一如其名，"素餡可不就是蔬菜嘛！"

夢娜的主菜更具印度風味，如印度牛油雞、咖喱蕃茄燉羊肉，還有很多包括豆類在內的蔬食和素食餐點。對了，還得留點肚子給甜點—— 印度雪糕 Kulfi。

該地區還有兩家推薦餐廳：Hungry Eye Restaurant 和 Ex-Gorkha Restaurant，都在佐敦同一街區。它們都不是最高級的環境，裝潢簡單，但工作人員非常友善，食物可口，價格公道。不過有時候可能要等一陣子，因為這些餐廳堅持原汁原味，所有食物都得從頭做起。

從上海街步行幾分鐘就到了 Hello Kitchen，一間只有幾張枱的路邊食店。友善的員工講解說，這些菜基本上在 50 港元左右，包含一碟餃子（momo）或湯麵（thukpa），再配一杯提神香料茶，只需 10 港元。

要環境講究一點的，有士丹頓街的 Nepal Restaurant。但一定不要錯過在佐敦吃大排檔的機會，這是香港一種露天攤檔的用餐方式。探探小巷，找找尼泊爾街頭小吃。一個紙碟裝有十個多汁雞肉或素餃，一口咬下去，溫熱湯汁滿溢，無與倫比！還有一種傳統的尼泊爾甜圓環形油炸麵包（sel roti），大概可稱之為尼泊爾冬甩吧，特別適合蘸著茶吃。傳統上，這種麵包是為尼泊爾達善節（Dashain）和光明節（Tihar）準備的。

Susma 喜歡自己做泡菜，這讓她想起在新界石崗度過的童年時光。"我們從小就使用芫荽、小茴香和薑黃 / 黃薑粉這些簡單香料，爸爸不喜歡太辣的食物。薑黃對付炎症很有效；要是睡得不好，也可以煮一點牛奶，加點蜂蜜增加甜味，再放點黃薑粉。"

餐後喝一杯香料茶是整個南亞社群的傳統。若喜歡餐廳裏的香料茶，Susma 說，其實也可以在家自製。

"你需要肉桂、丁香和豆蔻。" 她說。"只要稍稍搗碎這些香料，用散茶或茶包，準備半杯水和一杯牛奶，當然比例取決於你想要奶味有多濃，再根據喜歡的甜度加蜂蜜或糖來定。當然你可以買現成的，但是自己做也很容易。"

以下是上述尼泊爾餐廳和其他推薦餐廳地址：

≡ **The Hello Kitchen**
油麻地上海街 185 號
電話： 2626 0222

≡ **Manakamana 尼泊爾餐廳**
佐敦廟街 165 號
電話：2385 2070

≡ **Ex-Gorkha Restaurant & Bar**
偉景閣地下 5 號舖油麻地偉晴街 65-75 號
電話：3954 5247

≡ **Hungry Eye Restaurant & Bar**
佐敦吳松街 62-64 號幸福商業大廈 3 樓
電話：3107 1115

≡ **Nepal Nepalese Restaurant**
中環士丹頓街 14 號
電話： 2869 6212

≡ **喜瑪拉雅餐廳**
灣仔大王東街 20-30 號樹德大廈 1 樓 A 室
電話：2527 5899

斯里蘭卡的食家都背負著一個使命，他們想你知道，斯里蘭卡烹調不單單滿足口腹之慾，更是讓人想進一步認識的知識。而和其他源自印度的菜系更大有分別。

香港人漸漸有機會認識這個位於印度底部，像一顆淚珠的小國，為老饕提供的美食。自 16 世紀始，斯里蘭卡部分地區曾被不同的歐洲強國佔領——其中包括葡萄牙人、荷蘭人，最後是英國人。斯里蘭卡人將這些國家的烹飪技巧結合起來，採用其做法，或與僧伽羅、泰米爾和穆斯林菜式結合，形成自己的特色。

例如蕉葉飯（Lamprais），之後我們會多次提到，其實是 "飯團" ——

→ 傳統雞蛋碗形薄煎餅。

→ 怪味咖喱魚——用香料洋蔥、胡椒和辣椒製成的魚。

這是一道荷蘭殖民後裔（Burghers）在斯里蘭卡創造的美食。殖民後裔（Burghers）是指荷蘭人或葡萄牙人和當地斯里蘭卡人所生的混血族群。

斯里蘭卡美食以咖喱配米飯為中心，醬汁滿是肉桂、豆蔻和薑，通常是甜辣味。斯里蘭卡肉桂價錢可能較一般貴，但是斯里蘭卡餐廳 Serendib 的老闆聲稱這是全世界最好的。

香港有兩家斯里蘭卡餐廳，一家在香港島上環，另一家在新界西貢。還有一家在南丫島榕樹灣的餐廳也供應斯里蘭卡菜。在上環永樂街的 Serendib 餐廳，興高采烈的老闆正在執行一個使命：向擠滿在他那 30 個座位餐廳的上班族介紹斯里蘭卡食物。老闆名為 Davenarayana Acharige Damesh Niroshan，他貼心地補充說：「他們叫我 Damesh 或 Niro。」他定價合理的斯里蘭卡街頭食品已傳揚開去。所有食物都是他在一樓的小吃店內自製

→ 斯里蘭卡典型菜式——炒大餅。

的，小吃店就挨著那些古董店和糖果批發店。附近的上班族和工人在午餐時間蜂擁而至，吃一頓 60 港元起的包飲料套餐。

Serendib 就是斯里蘭卡的古老波斯名。兩位老闆當中 Damesh 來自該島西海岸的尼甘布（Negombo），妻子 Veronica 王希汶是香港人。Damesh 在香港已六載。他們在日本學習日語時相遇，在一起長達 10 年，於 2011 年結婚。對好奇的顧客來說，這就解釋了為什麼食物是斯里蘭卡風味，而夫妻間開玩笑卻是用日語。

他們提供的是你在走在斯里蘭卡首都可倫坡，或在海岸線以南的高爾（Galle），又或是在努瓦拉埃利亞（Nuwara Eliya）中部蔥鬱茶園裏會發現的食物。

→ Serendib 餐廳老闆 Veronica 和 Damesh。

"我們供應簡單的斯里蘭卡街頭美食，"Damesh 說。"香港很多人不知道斯里蘭卡食物具體是什麼，所以我們會給他們一一介紹，如雞肉炒餅（chicken kottu）——比如烤麥餅（roti）這樣的大餅，混合雞肉和蔬菜。這是經典菜式。"

"我該怎麼形容斯里蘭卡菜呢？又辣又甜，"Veronica 說，她喜歡把斯里蘭卡食物推薦給香港鄰居。Damesh 負責所有烹飪工作，餐牌有很多素食選擇，包括咖喱角。另一道斯里蘭卡主食——薄煎米餅（hopper）——碗形，餅皮薄如蟬翼，當中放個雞蛋或咖喱、泡菜。只有一個人對付一條人龍，著實有點棘手。所以他們計劃在 Serendib 餐廳來一個"薄煎米餅之夜"。

炸豆餅（dal vade）是一種在斯里蘭卡和南印度廣受歡迎的街頭美味——用黃豆或扁豆混合洋蔥、黃薑粉、咖喱、紅辣椒和薑製成豆餅，之後用油炸。

還有怪味魚（devilled fish）── 在炸魚上澆上酸甜醬汁。這道配菜在斯里蘭卡很受歡迎，也反映出這個島國曾受到葡萄牙和荷蘭的影響。

"至於怪味魚，要有辣味和一點甜味，" Damesh 說。"我用了很多肉桂、豆蔻、咖喱粉、丁香、薑和蒜頭。"

Serendib 也提供一種帶有荷蘭傳統的斯里蘭卡菜蕉葉飯── 香蕉葉包著飯、肉和蔬菜。Veronica 從香港阿姨的園子取得香蕉葉。"用葉包好材料後再放焗爐烤焗。"

"香港人往往把斯里蘭卡和印度食物混淆，" Veronica 說。"所以對我們來說有點挑戰。雖然不知道斯里蘭卡在哪裏，他們總是願意嘗試新食物！有些人說斯里蘭卡食物太辣，有些人又說還不夠辣！"

Damesh 從斯里蘭卡直接採購食材原料。"斯里蘭卡肉桂被認為是最好的，" 他說。他的部分食材是通過網上快遞服務提供的，來自屯門及土瓜灣的 Pearl Ocean Foods & Spices Organic Limited。Damesh 與斯里蘭卡的茶園有聯繫，所以斯里蘭卡紅茶直接從斯里蘭卡運來。Veronica 也推薦蕃荔枝紅茶── 蕃荔枝果漿也是直接從斯里蘭卡運來。

以下是上述斯里蘭卡餐廳和其他推薦餐廳地址：

──────────

≡ Serendib
　上環永樂街 148 號南和行大廈地下 2 號舖
　電話：3705 2429

≡ AJ's 斯里蘭卡餐廳
　西貢海傍街 14 號地下
　電話：2792 2555

≡ 海灣餐廳
　（提供一些斯里蘭卡菜）
　南丫島榕樹灣大街 58 號
　電話：2982 1168

北印度菜

↑九珍咖喱時蔬（Navratan Korma）

一種美味的北印度菜，有堅果、印度芝士、芝士和蔬菜。Navratan 意指九顆寶石，這裏指九種不同類型的蔬菜、水果和其他食材，通常最後在菜面配上葡萄乾、腰果和櫻桃。這種口味豐富的咖喱可配飯或者烤餅，而這菜式可追溯到 16 世紀中的蒙兀兒（Mughal）王朝。

↑咖喱芝士（Shahi Paneer）

一種北印度咖喱。由香料、蕃茄、洋蔥和奶油煮成濃醬汁，加上腰果令醬汁更富口感，最後加入茅屋芝士。通常用以佐飯、烤麥餅或烤餅。

↑牛油雞（Butter Chicken）

顧名思義，就是牛油汁配燒烤雞肉。醃製了幾個小時的雞肉用天多利或傳統的泥爐煮熟，又或可燒、焗、煎熟。然後加入用牛油和奶油還有蕃茄蓉、咖喱、薑、蒜頭、芫荽和葫蘆巴粉的香料等煮成的牛油汁。

↑印度咖喱角（Samosas）

和香蕉一樣，這可以算是世界上最方便快捷的街頭美食之一。三角形的咖喱角，外面是油炸酥皮，裏面放有香料醃煮過的薯仔、青豆和碎腰果。這道菜往往跟酸奶和薄荷酸辣醬配著吃。

← 薯仔椰菜花（Aloo Bobi）

薯仔、椰菜花和印度香料煮成的素菜。這道非常可口的北方印度菜也會出現在孟加拉、巴基斯坦和尼泊爾。

南印度菜

↑米豆蒸糕（Iddli/Idli）

↑炸豆餅圈（Medu Vada）

就像烤餅是北印度美食的代表，米豆蒸糕就是南印度美食的名片——雖然後者的準備工序要複雜得多。烤餅幾分鐘內就可以做好，米豆蒸糕則要更長時間。將去皮發酵黑扁豆製成的麵糊蒸熟，伴著辛辣的酸辣醬或酸豆湯（如有）一起食用，這是南印度早餐的主食。

另一道南印度人最喜愛的早餐是炸豆餅圈（medu vada），一種由黑扁豆製成的炸麵團。取其形狀，有人戲稱為"印度鹹冬甩"，外部酥脆，內在柔軟。這是南印度最普遍的日常小吃，也是節慶菜單上不可或缺的一道菜。可作主菜、配菜或小吃。搭配酸豆湯和椰子酸辣醬。

↑印度厚煎餅（Uthappam）

這是一種用豆糕麵糊和蔬菜製成的煎餅。裏面放什麼可隨心所欲，雜菜或其他食材都可。蔬菜切碎、放進麵糊，煎熟即可。

↑酸辣湯（Rasam）

酸辣湯是另一道南印度美食。充滿蒜香和各種香料的療癒系食物。可以有多種變化，蕃茄是其一。由於放了大蒜、薑黃和其他成分，還被用以治療感冒。酸辣湯起源於泰米爾納德邦（Tamil Nadu）和卡納塔克邦（Karnataka）。

← 煎薄餅（Dosa）

煎薄餅 dosa 看起來像法式薄餅，用米和黑扁豆為原料的發酵麵糊製成，可以包各種餡料。不過若以它捲著薯仔、炸洋蔥和香料作早餐，開始美好的一天，不失為好選擇。

傳統
尼泊爾菜

↑尼泊爾醃菜（Gundruk）

這道菜被公認為尼泊爾國菜，以乾芥末、椰菜花和蘿蔔葉製成。當秋天收割蔬菜時，把剩下的莖、葉和蘿蔔根曬乾、發酵，製成前菜或配菜。一些尼泊爾餐館也會把發酵醃製的蔬菜做成湯。

↑尼泊爾餃子（Momo）

這是一種美味易做的餃子，有雞肉、蔬菜或豬肉餡。各種食材用麵皮包好，蒸熟，一般蘸蕃茄醬吃。

↑西藏湯麵（Thukpa）

這種湯麵是西藏麵條，可素也可搭配雞肉同煮，是一道暖胃的冬日餐食。結合了蔬菜、雞肉和麵條，有時也以蕎麥麵製作。

↑油炸麵包圈（Sel Roti）

這是一種尼泊爾傳統環形麵包，味甜，在佐敦沿著炮台街和廟街的尼泊爾心臟地帶都可以找得到。本身可作為小吃，蘸茶吃也不錯。主要原料是米粉、水、糖、牛油、豆蔻和丁香。

←豆糊手抓飯（Dal Bhat）

手抓飯流行於印度次大陸，在尼泊爾也很受歡迎。主要原料是豆類或扁豆和飯。但是在尼泊爾，去到喜馬拉雅山海拔較高的地方時，那裏長不出米，因此以小米、蕎麥或大麥取代飯。扁豆或豆類與大蒜、洋蔥、番茄、羅望子、薑和辣椒煮成豆糊（dal），裏頭可放芫荽、薑黃、香料粉和小茴香等香料和香草。

斯里蘭卡菜

↑薄煎米餅（Hoppers）

是一種碗狀的斯里蘭卡煎餅。原料的米漿是由米粉和發酵椰奶製成，把放在比炒鍋小一點的碗狀鍋煎。吃的時候可以加點鹽和胡椒或放整隻雞蛋，咖喱或者如洋蔥辣醬（lunumiris）等醬料。

↑蒸米粉餅（String Hopper）

名字明顯來自像幼繩的米粉。將米磨碎加水搓成粉團，把粉團放入像花灑頭的器具，擠進沸水煮成米粉條，米粉條略略壓成餅狀蒸好定形，通常配咖喱進食。

↑炒大餅（Kottu Roti）

是一種非常受歡迎的街頭美食，由早餐至宵夜，這款大雜燴菜式任何時間都適合。將烤大餅（roti，或稱 chapatti）切成小塊，加雞蛋和椰菜、洋蔥、韭菜或任何你喜歡的菜一齊炒，有時候也可以加入雞肉、牛肉，或羊肉。

↑椰汁蛋布甸（Watalappan）

這個 "斯里蘭卡版焦糖燉蛋"，在斯里蘭卡穆斯林中特別受歡迎。焦糖蛋布甸內有蔗糖、肉豆蔻、豆蔻，雲尼拿和切碎的腰果，是最常出現在宴會和婚禮上的甜點。

← 怪味咖喱魚（Devilled Fish Curry）

如果一道菜叫 "怪味"（devilled），那意味著菜式加了很多混合香料，這道菜可以看到荷蘭和葡萄牙菜系的融合。煮前先用洋蔥、辣椒、碎紅辣椒和鹽醃魚。這種咖喱可以選用任何肉質比較緊實的魚，這樣煮的時候魚肉不會散開。

孟加拉菜

孟加拉菜是清真食品，香港有些印度和巴基斯坦餐廳都有供應。孟加拉位於世界最大三角洲上，三條大河匯集之地，因此魚類是除了米飯和乳製品之外日常飲食中的重要組成部分。以下是五道孟加拉傳統國菜：

孟加拉鹵燉牛肉（Beef Kala Bhuna）

這是孟加拉人最喜愛的一道菜，起源於東南城市吉大港。揉入用多種包括薑等香料及醬料，酥油，調製成厚重濃稠的醬汁，加進肉類煮至軟。這道菜的主食材是牛肉，亦可用雞肉或蔬菜，配搭各式烤餅。

椰汁蝦（Chingri Malai Curry）

這是一道用蝦和椰奶製成的咖喱菜式。咖喱帶有黃薑粉、青辣椒、蒜頭、薑、芥末油以及洋蔥的風味。食前撒上辛辣香料拌飯。

脆餅（Luchi）

孟加拉特色菜。它是由麵粉製作，色澤通白，用油炸至鬆脹香脆的大餅。不大健康，但相當美味。

芥末鰣魚（Sorshe Ilish）

這是一道流行於孟加拉和印度西孟加拉邦的一道菜。主要食材是鰣魚——鯡魚的一種，被稱為孟加拉國魚。做法是把煮熟的鰣魚放入炒好的芥末醬內。

奶豆腐（Malai Chomchom Sweets）

這道外硬內軟的甜點極受歡迎，當中用牛奶或水牛奶和醋，讓奶凝固製成奶豆腐。另加入開心果、藏紅花、糖和綠豆蔻製成這道獨特甜點。

巴基斯坦菜

燉羊腿（Lucknowi Nihari）

這是一道需要慢慢燉煮的羊肉菜式，羊腿需先醃一天再煮至少 3 個小時。這是新德里、博帕爾（Bhopa，印度中央邦首府）和勒克瑙（Lucknow，印度北方邦首都）穆斯林的傳統菜餚。

咖喱雞鍋（Karachi Kadai Chicken）

咖喱雞鍋流行於巴基斯坦和印度北部，Kadai 或 Kahari 是指兩旁有手柄的深鍋。雞肉與小茴香、蕃茄、生薑一同燉煮 30 至 50 分鐘。在旁遮普，這道菜會加燈籠椒和洋蔥。

白沙瓦烤肉餅（Peshawari Chappali Kebab）

用香草、香料、雞蛋、石榴籽和薑混合碎羊肉，做成一個個肉餅煎烤，通常用羊肉或牛肉，搭配杏仁葡萄乾醬。它起源於巴基斯坦西北部的白沙瓦。

海得拉巴羊肉香料炒飯（Hyderabadi Mutton Biryani）

這是信德省海得拉巴市的特色菜。羊肉醃過，再在鍋中放入一層半熟的米飯，之後一起煮。

豌豆燉羊肉（Hari Mirch Ka Keema）

碎羊肉和青豆、洋蔥、蒜頭同煮，搭配新鮮芫荽食用。

裁縫舖、
美容院及珠寶店

裁縫舖、美容院及珠寶店

穿著只為你而造的服飾感覺真好。布料剪裁由頸至腕，完美貼服，最好玩是可以自選顏色、款式和布料。香港以西裝 24 小時內縫製完成出名，裁縫多是印度人，擁有幾十年從業經驗。有些裁縫舖的歷史可追溯到 19 世紀末，其中一些為英國軍官和軍人提供服務。現時度身定製一件恤衫或襯衣，價錢由 400 港元起，4,000 港元則已經有一套精工縫製的西裝。但要記著，不是所有裁縫都做定製女服的。以下列舉中的 Sanskrit 要價最高，也會提供由印度設計師設計的定製服裝，配搭印度珠寶飾物，包括串珠袋。由於價格不一，可按以下五大建議在香港及九龍選擇購買。著名的 Sam's Tailor，也在建議名單內。

→ Sam's Tailor

尖沙咀的 Sam's Tailor 是高品質裁縫定製和超級名人客戶的代名詞。英女王伊利沙白二世、電影《異形》女主角薛歌妮·韋花（Sigourney Weaver）、多位美國前總統和歌手兼演員凱莉·米洛（Kylie Minogue），名單可以一直數下去。當電視記者湧向彌敦道華敦大廈的 Sam's Tailor，為

→ Sam's Tailor 老闆麥文浩（Manu Melwani）在尖沙咀的店裏為顧客 Bill Stewart 度身。

的便是這個別具香港特色的場景。但這個成功的印度家族也不是一直一帆風順。當麥文浩（Manu Melwani）開始講述童年經歷時，這一點清楚無疑。麥文浩在 1950 年代末幫助父親 Naraindas Melwani 在香港開創了生意。

"我們 1957 年 10 月到香港。我出生於 1948 年，我們幾兄弟姐妹在很小的時候就幫父親打理生意，尤其是應付英國士兵及軍官。生意是慢慢建立起來的。"

　　　　　　　　　　　Chapter 8 —— 裁縫舖、美容院及珠寶店

→（上、下）Samina Fashion House 內，商店助理 Dalbir Kaur 幫助顧客挑選布料。

"1957 年 10 月我們坐印度航空來港。我父親不懂做生意，而我也不懂說中文。慢慢地，我們扎下根來了。"麥文浩先生就讀於聖佐治學校，1955 年該校創辦以滿足軍人和公務員子女的教育需求。"學費有折扣，所以教育很便宜，"他說。"我的母語是信德語，這是母親跟我交流的語言。裁縫是我父親唯一懂的工作。他對珠寶鑽石一無所知，對他來說學習很困難。很多信德人是出口商——大多數是把貨物從香港運往中東和美國——他們是中間人。"

麥文浩從小就做父親的幫手，1975 年他得到機會在倫敦著名的薩維爾街（Saville Row，以傳統度身訂造男服聞名的街道）接受專業訓練。"這些英國人教我一切有關生意的事。"他說。但學習並不容易，他當免費學徒，僅以食物作報酬，和其他學徒睡在工場裏。由於母親生病，他得縮短訓練提早返港。但他認為，他所學的已將他和其他裁縫區別開。

他的兒子 Roshan Melwani 是麥氏家族經營裁縫舖的第三代，不過這並非理所當然的。Roshan 就讀紐約大學，曾為史密夫斐爾律師事務所（Herbert Smith Free hills）工作，之後在英國創立了兩家初創企業——一個是私人禮賓服務公司，另一個是在線拍賣網站。但隨後他決定嘗試一下家族企業，從此一直推動公司向前。

"我提醒他這很艱難——一旦西裝造得不對，顧客會不留情面。"麥文浩說。"你必須非常耐心去瞭解顧客的需求。"Sam's Tailor 約有 60 位裁縫，其中一位華裔裁縫今年已 70 高齡。"我們叫他'乾爹'，"麥文浩開玩笑說。"我認識他父親，他父親也在這裏工作。他對我很有耐性，這傢伙已經與我共事了 35 年。"

麥文浩傑出的聲譽不僅建立在高超的手藝上，還有他的守口如瓶。他曾為多位英國皇室成員定製服裝，包括女王伊利沙白二世，但他絕不會告訴你女王的要求。除了男士服裝，Sam's Tailor 還可為女性客戶製作晚裝、禮服和其他服裝。

香港以 24 小時內完成西裝而聞名。但對麥文浩來說，24 小時根本毫不費力。他說，最快的手工——對他和八個工人來說——是兩個半小時。當時他為由香港電台電視部和《南華早報》合辦的聖誕慈善活動"愛心聖誕大行動"籌款，當時是 1980 年代末，他即場在希爾頓酒店裁剪縫製西裝。這兩個半小時的製作時間，成為一項健力士紀錄並保持了一段時間。

Roshan Melwani 與生意一起成長，放假就在店內工作。"我就是中國童工活生生的例子。從 11 歲到 16 歲，復活節、聖誕節、暑假，他們都要我工作。不過這裏總有些讓人驚嘆的事發生。"

"我會到店裏看我爺爺，抬頭看看所有那些名人照片。現在我看見我的孩子也和我當時一樣。"

19 年前，Roshan Melwani 參與打理家族生意。"這是門挺好的生意。那時候的生意和現在不可同日而語，那時候生意興隆；聽起來有點刺耳，但我們可能隨時一落千丈。幸運地是，19 年來我們發展到現在的樣子。我重建了生意。現在我想去睡一覺，這樣明天一起床我就可以到這裏來。"

經過長時間奮鬥，麥氏家族現今在同一大廈內擁有 14 個物業。但是他們很小心翼翼，保持初心。

"我們所有員工全職工作，不會秘撈，"他說。"他們為我們工作，我們是他們的直接僱主。顯而易見，質量為先，沒有高質量就沒有成功。因為我們在一個競爭激烈的行業。我們選擇做一條小魚，找到自己的商機。所以我們有差不多 60 名裁縫、15 名顧問，團隊不小。我們是純粹的零售，不大事宣傳、不做工廠量產、不外判。我們只為零售顧客造衣服，每天最多接待 30 位顧客。這讓我們獨一無二。"

Roshan Melwani 喜歡與頂級的布料品牌合作，"因為我相信透明度。你是來找我做裁縫的，你來找我是要我的裁縫技藝，你是因為我而來。布料應該是獨立的，我想使用頂級品牌，因為它們已做過研發和測試。它們是可信賴的公司，供應全球的最佳產品。"帶領 Sam's Tailor 前行的同時，Roshan Melwani 堅信在回饋社會方面要身先士卒。"我致力參與九龍木球會的事務，盡我所能支持板球運動，"他說。"我還參與約於 1964 年成立的信德組織 YEG（The Young Executives Group），我是該組織前主席。我組織過排燈節舞會，在這麼多次舞會上，我擔任過司儀，也曾在台上跳舞。我竭盡所能以健康的方式推動社群向前。我全心全意信任我的社群。

"毫無疑問，我的成功是因為印度、信德的開路先鋒給我提供了平台。這個極好的平台，是我父親靠辛勤工作，和其他世世代代印度人共同努力而來的。"

以下是上述裁縫舖和其他推薦裁縫舖地址：

────────────────────────

≡ **Sam's Tailor**
　尖沙咀彌敦道 90-94C 號華敦大廈
　電話：2367 9423

≡ **Raja Fashions Bespoke Tailors**
　九龍尖沙咀金馬倫道 34-C 號地舖
　電話： 2366 7624

≡ **Sanskrit**
　定製設計、婚紗禮服、節慶禮服、長衫、短上衣、精美紗麗（僅接受預約）
　香港中環擺花街 1 號 1604 室
　電話：2545 2088

≡ **Star Tailors**
　尖沙咀梳士巴利道 3 號星光行 7 層 734 室
　手提：9127 5206

≡ **Apsley 定製裁縫舖（始建於 1889 年）**
　尖沙咀彌敦道 90-94C 號華敦大廈 G 層 G & H 舖
　電話：2366 6612

香港有很多印度和尼泊爾美容院，有些提供奢華的貼身護理，其他的則提供樸實無華的快速變身，讓你在夜遊派對、婚禮宴會等特殊場合光彩照人。美容服務包括熱蠟脫毛、修眉、線面或僅僅是到髮廊洗剪吹。如果想做全套服務——先來舒緩恢復的臉部護理，然後由有經驗的化妝師為你精雕細琢派對造型。另外，既然在美容院，就再來肩背按摩吧！盡情享受，縱容一下自己，價錢方面還是挺實惠的，尤其在九龍區。

從 25 港元起的修眉、上唇位線毛，到 250 港元起的臉部護理，再到 600 港元或更貴——價格不一，取決於護理級別和美容院地點。派對化妝要價 200 到 400 港元，沙龍也提供新娘化妝。全套婚禮包括有印度紋彩（mehndi，

→ 印度紋彩或指甲花彩繪藝術。

→ 尼泊爾美容師 Jharana Bhujel 在顧客的手和手臂上繪製指甲花彩繪。

亦稱指甲花彩繪）——一種古老彩繪技藝，用由指甲花製成的染料，繪製在手和身體其他部位。

現在就來看看當中一些南亞美容技術。印度紋彩這種在人體上彩繪的古老技藝起源於印度，但現在尼泊爾和中東、地中海沿岸很多國家中也很流行。首先將指甲花加水攪拌成糊狀，放進尖嘴袋內。剪去袋尖，然後像蛋糕唧花般，將指甲花糊繪畫皮膚上。尼泊爾美容師 Jharana Bhujel 是這方面的專家。在佐敦上海街的 Super Angelic Hair and Beauty Salon 美容美髮店內，她在塗繪指甲花圖案時，動作嫻熟利落。她的價錢由 50 港元起，視圖案難度而定。

如今，紋彩藝術在尼泊爾婚禮中也很受歡迎，這種從印度引入的時尚，已

→（上）佐敦 Image Hair Salon 提供的晚裝髮型示範。

→（下）佐敦 Image Hair Salon 美容師 Jyoti Gurung 正為一位顧客梳理髮型。

流行有一至兩代。在印度北部的拉賈斯坦邦，新郎喜歡在身體上繪製和新娘一樣繁雜的紋彩。

通常婚禮前，新娘的女性親友會在自己手掌加上紋彩，而新娘不單在雙手正反面都繪上圖案，彩繪更由手臂向上延伸至肘部。圖案包括花朵、心、鳥如孔雀，和任何客戶要求的花樣。彩繪泡在水裏將逐漸消退——真是一個要他人洗幾天碗的好藉口！

為保持色澤，可以用化妝棉沾檸檬糖水輕輕拍上彩繪上面。如果想自己繪製，印度和香港的尼泊爾商店可以買到指甲花。不過既然價錢合理，也許還是讓專家來做更好吧！

Sunita Gurung 來自加德滿都附近的 Baudha，20 年前 Sunita 16 歲時來到香港，在佐敦砲台街 Image Hair Salon 工作近三年。這是經理兼老闆 Indra Gurung 的三個美容院之一。

線眉是一種去除毛髮的技術，美容師手持一根棉線，將棉線一頭咬在嘴中，去除多餘的眉毛，修好眉形。Sunita 講解如何用棉線修眉："我把棉線當作弦一樣使用。"她說。"首先在眉毛上放一點粉，然後按下弦的一段，再在手指上繞三圈。另一隻手也一樣把線繞三圈，這樣就形成一個'三角弦'，一排排拔掉或絞掉毛髮。線眉的價格低至 20 港元。

在尖沙咀美麗都大廈的 Khoob Surat、Harpreet Kaur 和同事專長按摩、臉部護理和熱蠟脫毛。熱蠟脫毛有茶樹油、水果或糖脫毛蠟，價格從小腿脫毛 60 港元到全身脫毛 460 港元不等。20 分鐘的頭肩恢復按摩只要 60 港幣，十分便宜。有大概 15 種面部護理可選。週一至週六下午 2 到 4 時的快樂時光，來做線眉的顧客更可獲得折扣。有些沙龍還提供手腳的修甲服務。

說回 Image Hair Salon，美容師負責修甲以外的所有服務。所以他們可以剪髮、染髮、線眉、塗繪令人讚嘆的紋彩，甚至紋身，從簡單的圖案到更大面積的設計都可以，還有紋眉和穿環刺洞，脫毛化妝。整個下午，尼泊爾男男女女絡繹不絕，由於價格優勢，Image Hair Salon 也是家傭放假日美容的必去之處。

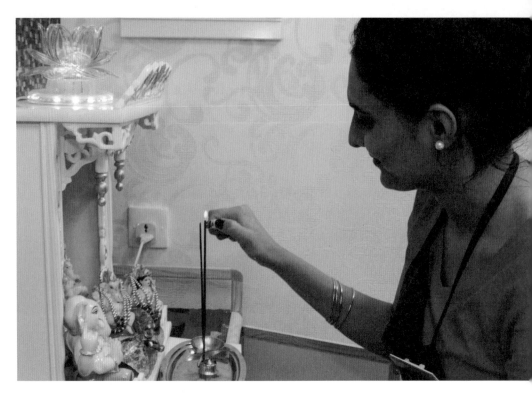

→ Freedas Salon 的僱員在小神龕前點香。

Sunita Gurung 在顧客從色辦挑選髮色後，現正忙於給顧客染髮。這位顧客是個歐洲人，希望把灰白頭髮掩蓋一下。"深棕色更適合，"Sunita 建議道，"紅髮蓋不到絲絲灰髮。"

在香港，尼泊爾美容院都能提供一系列服務，尤其是如佐敦和元朗這樣的尼泊爾社區，價格比港島區更便宜。我們談話間，兩個尼泊爾年輕人進來，詢問能否做鼻穿孔。沙龍為他們清理了皮膚，給鼻子穿孔，插上鼻釘。兩個心滿意足的年輕人來回照著鏡子，看看成果，高興地走了出去──一切在 15 分鐘內完成。

位於中環的 Riviea Beauty Salon 受到顧客好評。這家店位於高租金地段，服務專業、氣氛親切，一次舒緩的面部護理讓人倍感享受。

Riviea 還在網上提供護理面部方法，尤其是遇到香港時有空氣污染，而你又沒時間去美容院。以下是一種護理方法：

正常肌膚只要一杯酸奶，一湯匙橙汁、檸檬汁，攪拌成糊，當面膜敷面，保持 15 分鐘，用濕巾擦淨，皮膚立見亮麗！針對乾性肌膚，可以用煮熟的燕麥和蜂蜜混合，不僅滋潤肌膚也可深層清潔。

另一家可令人放鬆的是印度沙龍 Freedas Salon，有兩家分店，一家位於堅道，另一家位於尖沙咀。Freedas 也提供手腳修甲，熱蠟脫毛和線面線眉。

五花八門的印度和尼泊爾美容院意味著，在歇息鬆弛時，有個專家能替你消除勞累。如果喜歡自行在家護膚，在佐敦一些印度或尼泊爾雜貨店可以找到一系列的 Himalaya Herbals 磨砂潔面膏、乳液和潤膚霜等。與此同時，坐下、放鬆、享受，讓這些歷史悠久的美容院幫你煥然一新。

以下是上述美容院和其他推薦美容院地址：

≡ **Riviea Beauty Salon**
　 中環德己立街 37 號榮業大廈 4 樓
　 電話：2892 0839

≡ **Image Hair Salon**
　 佐敦砲台街 46 號
　 電話：2374 0455

≡ **Freedas Salon**
　 尖沙咀彌敦道 86-88 號安樂大廈
　 電話：Tel: 3580 0447

≡ **Khoob Surat – A Ladies Beauty Parlour**
　 九龍尖沙咀美麗都大廈 25 號商舖 1 層
　 電話：2367 7742

≡ **Freedas**
　 香港堅道 124 號中二層
　 電話：3580 0405

→ 南亞商店

香港有不少供應南亞雜貨的商店，在香港島、九龍的尖沙咀及佐敦、新界的元朗，還有其他地區，都可以輕易找到。它們供應多種香料、豆類、米，還有服裝配飾和宗教物品。一小袋黃薑粉只售 10 港元。你可以找齊自製印度香料奶茶的材料，要取巧的話，也有即沖茶包。還有肉桂枝、丁香、喜馬拉雅岩鹽。深吸一口氣，彷彿已身在拉賈斯坦或斯里蘭卡海岸。在這種雜貨店逛的樂趣之一，就是尋找新鮮食材自己烹煮。如果喜歡送貨上門，可以上網選購。

我們在尖沙咀重慶大廈和佐敦走訪參觀了幾家店鋪，由店主介紹一下；此外，香港各區都有不少類似的店鋪。

→ 在尖沙咀重慶大廈地下 New Delhi Store 外 Kulbir Singh Dhaliwal 在查找阿芳素芒果的交貨時間。

重慶大廈底層新德里商店的經理 Kulbir Singh Dhaliwal 今年 51 歲，1990 年從印度旁遮普邦來到香港。"我在 1974 年開業。" 他說，店舖最初由他的岳父 Karam Singh Khosa 和 Karam 的姐夫 Mukhtiar Singh Brar 一起經營。

"我們以前在金巴利街，之後約在 1977 年搬到重慶大廈。我岳父 1957 年來香港。他們倆都在（當時的）文華酒店當門僮。"

1990 年他岳父去世後，Kulbir 和姐夫的兒子接手生意，一直經營至今。

這家商店有各式各樣的現成咖喱醬。你也可買商店內陳列的各式香料自製咖喱醬，這裏有黃薑粉、小茴香、蓮藕等等。

"我們從加拿大進口小麥粉，從巴基斯坦進口食米，還有印度的豆類、香料和醃菜，" 他介紹道，"我們還進口蘇格蘭威士忌、單一麥芽威士忌，以及印度威士忌。對了，還有麥克道爾（McDowell）的一號珍藏威士忌，味道無與倫比。我們也有做咖喱和香料炒飯的優質香料，什麼都有。"

已經有三個孩子的 Kulbir，早餐只吃些簡單的麵包，"我們叫煎餅或烤餅，午餐和晚餐我們吃咖喱飯和烤餅。"

巴基斯坦商人兼店主 Ahmad 在尖沙咀重慶大廈地下經營 Buraq Islamic Store，已經快 20 年，居港已經 30 年了。他的老家在拉合爾（Lhor），最初做手機配件銷售業務，後來銷售伊斯蘭商品，客戶來自南亞社群、中東、非洲和印尼。

"我這裏的大棗產自伊朗、突尼斯、阿爾及利亞和沙特阿拉伯。" 他指著店前的盒子說。"大棗特別有益健康。在齋戒月期間，大棗經常用作黃昏破齋戒的食物。"

Ahmad 還出售一種 "可蘭經筆" ——當筆尖觸到《可蘭經》文本時，就會自動朗誦出來。

一名印尼家傭穆斯林 Sela 來到商店，她是這家店的常客。"我給朋友買了

→（上）位於佐敦新塡地街的 Siddha Baba 雜貨店。

→（下）巴基斯坦商人兼店主 Ahmad 在重慶大廈布拉喀伊斯蘭商店（Buraq Islamic Store）內。

→ 葵涌 Jalalia 食品商店店主 Arif Khan。

這些筆，因為通常他們不會說阿拉伯語，這有助他們背誦《可蘭經》。"

這裏也有來自埃及和巴基斯坦的蜂蜜，用於清潔牙齒的阿拉克樹嚼棒、染髮劑、穆斯林衣物，還有從沙地阿拉伯、巴基斯坦和土耳其進口的禱告墊。

這裏有一種很簡單的拉鏈錢包，裏面連著一個小指南針，這樣穆斯林可以隨身攜帶，永遠知道面對麥加的方向。

還有一種會提醒禱告時間的跳字鐘，每天提醒你五次，邊框裝飾著《可蘭經》詩句。

Sela 說她在這裏購買所有祈禱所需的物品，"為了向我們的先知穆罕默德禱告，我買珠子、衣服、清真化妝品。香水是無酒精，是清真的。我在香

→ 葵涌 Indian Fashion House 有大量紗麗和布料可供挑選。

港已經 8 年了，有時去尖沙咀的清真寺，有時去柴灣和灣仔的。"

由尖沙咀彌敦道往上走，就到了佐敦。廟街和周圍的街上都是尼泊爾社區的雜貨店、餐館、美容院和珠寶店。

在廟街的 Pashupati Store 裏，有一袋袋的乾米片（chura）。可以混入茶、牛奶和糖裏，用乾米片浸茶可以當作零食。遠一點的貨架上，是罐頭印度甜點奶豆腐湯圓（Rasgulla），特別適合那些極度嗜甜的人。貨架頂是壓力鍋，尼泊爾人喜歡用壓力鍋，快速又方便，省時省力。用壓力鍋，熱騰騰的蕃薯早餐可以頃刻做好，還可放在鍋裏保溫。

沿著貨架走，可見芥末油和黑芥末種子，你可以用這些自製醃菜，也可以在這裏買已經做好的醃菜和酸辣醬。還有含豐富礦物質的黑或白喜馬拉雅鹽塊。小茴香、芫荽、黃薑粉、薑、蒜泥，都是做美味咖喱醬的基本原料。

在商店的另一邊是紗籠或筒裙（裹裙）和輕薄的襯衫、圍巾。

這裏也出售米酒餅（酵母），用來造米酒或大麥酒。將米或大麥煮熟冷卻，再把打成粉末的酒餅灑在米飯面拌勻，冷卻後用瓶裝起來。

Pashupati 也是該地區好幾家賣肥皂、指甲花（henna）染髮劑的商店之一。

以下是上述南亞商店和其他推薦南亞商店地址：

———————

≡ **New Delhi Store**（印度）
彌敦道 36-44 號地下重慶大廈 22 及 26 號舖
電話 : 2369 3038/ 2369 0571

≡ **Pearl Ocean Food and Spices Organic Ltd**（斯里蘭卡）
（供應斯里蘭卡雜貨，提供全港送貨服務）
電話 : 2790 2911

≡ **Maharaja Mart (http://maharajamart.com)**

≡ **Star Mart Indian Grocery Store (http://starmarthk.com)**
送貨上門（印度）

≡ **Indian Provision Stores**（印度）
銅鑼灣寶靈頓道 34 號
電話 : 2891 8324

≡ **Ali Baba Provision Store**（巴基斯坦、孟加拉及清真）
灣仔摩利臣山活道 20 號
電話 : 2574 9059

≡ **Pashupati Store**（尼泊爾）
油麻地廟街 190 號
電話 : 2770 5554

≡ **Buraq Islamic Store**（伊斯蘭教）
彌敦道 36-44 號地下重慶大廈 36C 舖

≡ **Lapha&Ngolsyo**（尼泊爾百貨店）
佐敦廟街 147 號
電話 : 2778 2499

要在香港購買尼泊爾黃金首飾，九龍是個好去處。最熱門的地方之一是位於油麻地廟街的 Sanskriti Jewellers。它們已在香港經營十多年了，與鄰近佐敦上海街的 Indra Baraha 一起，提供以黃金為主的各式珠寶首飾，包括在婚禮和正式場合佩戴的華麗項鏈及耳飾。

如果能參加通常在香港郊野公園舉行的尼泊爾節慶，這種機會一年中都有好幾次，你將看到馬加爾族（Magar）、古隆族（Gurung）、基拉塔（Kirat Rai）和林布族（Limbu）女孩、婦女戴著肯達頸鏈（kantha necklace）。這種相當大型項鏈由桶形金珠串成，珠子間點綴著紅絨布。配搭起傳統服

→ Limu Sushmita 穿著傳統服裝，佩戴珠寶，包括穿過鼻子的 bulaki，在金山郊野公園慶祝浴佛節。

→ Indra Baraha 珠寶行員工展示傳統尼泊爾喏喀刀（Kukri）的華麗銀絲刀鞘。

飾時，珠光寶氣，耀眼奪目。還有 jun，黃金材質，傳統手工製作，作為裝飾品戴在頭上。

和印度人、中國人一樣，尼泊爾人也愛黃金——既作禮物也是一種便於攜帶的儲備。Sanskriti 珠寶行的大飾櫃內，是一大堆黃澄澄的金子製成的金幣項鏈，有趣的是，金幣上的圖案是英女王伊利沙白。尼泊爾西部婦女尤其喜愛金幣項鏈，雖然銀幣項鏈更常見。這同時是階級和財富的指標。

Bulaki 和 phuli 是需穿過鼻子佩戴的黃金飾物，尤其多見於尼泊爾印度教婦女。其他尼泊爾傳統珠寶包括 suduk，在佛教徒或夏爾巴（Sherpa）女性間特別流行。Suduk 以金或銀製成，飾以某種寶石，有一個小隔間，裏

面可放置一條宗教符咒或神聖經文，給女人帶來好運。佩戴著它，還可保
佑逢凶化吉。

綠松石和珊瑚項鏈也很流行，尤其是在尼泊爾的藏人中，還可將它們與瑪
瑙和金串成天珠串。尼泊爾最受歡迎的項鏈之一是一串玻璃細珠——通常是
已婚的象徵。如果加上一個金吊墜，就叫做 pote 或 tilhari。通常，紅色珠
子也是項鏈的一部分，只有已婚婦女才戴。

以下是上述珠寶店地址：

———————————

≡ **Sanskriti Jewellers Ltd.**
　九龍油麻地廟街 156 號
　電話：2771 8114

≡ **Indra Baraha Jewellery HK Ltd.**
　九龍佐敦上海街 191 號
　電話：2783 8955

經典、
泥土與脈輪

馬拉 · 達斯瓦尼

→ 馬拉戴著 "脈輪" 珠寶系列的手鐲和袖口。

馬拉・達斯瓦尼（Mala Daswani）翻開一本相冊，展示她繪製的珠寶插圖。她是中環皇后大道M&R Jewellers Ltd. 的始創人和設計師，接受過正式訓練，是一名珠寶專家。她返璞歸真，讓設計回到原點，和客戶一起創造出獨一無二的作品，因此大獲成功。

這位自 4 歲起就在香港居住的設計師，是印度傳統工藝的倡導者，擁護迅速被即食文化吞噬的繁複彩燒工藝。她展出了三個珠寶系列——有些是璀璨耀目的鑽飾寶石，而在她的 "泥土" 與 "脈輪" 系列中，則展現出她設計的不同面貌。"我在香港待了這麼久，感覺就像家，你要我在印度和中國食物中選一樣，我可能會選中國食物。" 她說。馬拉的專業訓練在時裝和室內設計，開始時在父親香港的紗麗公司 India Emporium 工作，他父親後來去了杜拜。

"我父親今年 80 歲還每天上班，" 她說。1947 年英屬印度分裂為兩個獨立國家後，她父母不得不兩手空空離開信德省海得拉巴，定居在印度中部，不久後前往香港。"父親從 20 歲起就在這裏了，努力讓生活回復從前。"

馬拉在父親那裏工作了 18 個月後，轉職香港一家珠寶公司，之後決定接受正式訓練。

"我在美國寶石學院獲得學位。" 馬拉向我們描述學校的畢業考試，"有 20 顆沒有標示的寶石擺在面前，其中有些可能是玻璃。你要正確識別這 20 顆石頭，不容有錯。" 她說，有三次機會糾正，而她根本不需要，她第一輪就把所有寶石都識別出來了。

家庭支持加上勤奮努力，馬拉得以創立自己的事業。

"商家會邀請你去看鑽胚，這叫做 '佔位'，過程就是給你什麼你就要買什麼，如果不買，通常再沒有下次。大顆的鑽石會送去紐約和安特衛普，中型的會去以色列，小型的就去印度和中國。不過目前情況有所改變。"

馬拉有三個設計系列。"基本的是經典鑽石系列，設計它的原因是印度人結婚時，鋪張的婚禮慶典要持續 3 到 5 天。當兩家人聚在一起，這婚禮絕不僅僅是兩個人的事，新娘總是像公主。根據婚禮的長度，要有三到四套珠寶。"

"先要有一套鑽石，另外可能一套紅寶石、一套綠寶石。也因為我們的歷史背景，我們很珍視珠寶，萬一那天需要即刻離開，珠寶很容易隨身帶走。這就是自分治以來我們的部分背景。所以父母把珠寶當做禮物送給出嫁的女兒。"

馬拉拿出一串未切割的鑽石項鏈。“因為過去沒有實驗室和電力，這就是他們切割鑽石的方式。”

“現在是用附著鑽石微粒的磨盤打磨鑽石，因為只有鑽石才能切割鑽石；鑽石是世界上最堅硬的物質。所以要把鑽石放在磨盤上，能切割 58 個面。這在過去是不可能的。”

因此未有電力前，一顆鑽石可切割 16 個面。“像那樣的鑽石，他們仍然使用舊式切割，也叫礦式切割、玫瑰式切割、老式切割，世界不同地方叫法不同。”

更為古老的印度工藝可在一系列項圈、耳飾和手鐲上看到。“這件首飾的歷史超過 50 年，這件首飾的鑽石是 16 面切割。”她邊說邊從陳列櫃取出一條項圈。“歐洲也有琺瑯工藝，如法貝熱彩蛋（Faberge 俄羅斯彩蛋），但它是另一種風格。”。

她說，如今只有大師級的才可以造出這樣的作品。琺瑯最後的燒製真是大師才足以駕馭的技藝。“燒製不善它就會破裂。這是最後一道工序，之前你還要鑄模塑形——一旦破裂就要從頭再來。”

除了印度婚禮珠寶鑽石系列和幾十年前的大師珠寶外，馬拉還有兩個截然不同的系列，其設計全依照她個人創造性的技術和喜好。

“泥土”系列更像藝術作品。“其實這不是手鈪，而是袖口，”說著，馬拉展示了“泥土”系列一隻扇形棕櫚樹狀袖口、戒指和耳環，18K 玫瑰金手工打造，鑲嵌菫青石和鑽石。

這件首飾上每一片樹葉、每一條枝蔓都極為精緻。用黃金打造出葉脈、樹皮，營造一種生機之感，其他的則被馬拉歸為“達利風格”（Dali，西班牙著名超現實主義畫家），環繞著超現實之感。“我喜歡東西方結合，”馬拉說。“這件風格更西式一點。我覺得這世界豐富多彩，沒必要把自己限制在一個事情上。有創造力就可以玩出花樣。”

還有“脈輪”系列——鍍金銀首飾，包括手鐲和細繩手鏈。設計吸收了“脈輪”（chakra）概念——梵語中用於描繪人體七大能量中心的辭彙。“我在冥想時突然想到這個，”馬拉說。“我每天早上都冥想。我也教哲學。有天腦海裏就一直出現這些圖案，我無法理解，但它們不斷地重複出現。”

於是馬拉進行了兩年的研究。“這些就是這樣創造出來的，”她指著該系列首飾說。

→ 孔雀設計的 18K 金箔寶石鑲嵌（Kundan）珠寶套裝。
手工極精細的琺瑯項圈、耳環、手鐲、玫瑰切割鑽戒、翡翠
珠和小粒珍珠。

→ "地球" 系列的扇狀棕櫚葉袖口、戒指和耳環，18K 玫瑰
金手工製作，鑲嵌菫青石和鑽石。

"我認為這一系列就是我的創造力、精神意念和我
作為珠寶設計師的結合。佩戴它能保持平衡。不
僅是因為它很美,而且有助於同步宏觀世界和微
觀世界。所以這一系列是一石三鳥!"

以下是上述珠寶店和其他設計師珠寶店地址:

≡ **M&R Jewellers Ltd.**
中環皇后大道 153 號兆英商業大廈 19 樓
電話: 2521 4388 (要預約)

≡ **L'Dezen Jewellery by Payal Shah**
九龍紅磡鶴翔街 8 號維港中心第二期 9 樓 901 室
電話: 2180 7346/7347

≡ **Butani Jewellery Boutiques**
尖沙咀梳士巴利道半島酒店 ML7 舖
電話: 2907 6928

≡ **Buxani Panjwani**
尖沙咀科學館道 1 號康宏廣場 1 號北座 2813 號
Tel: 2722 0268

→ 18K 雙串樹皮紋項鏈和戒指，鑲有海藍寶石和鑽石，並與海藍寶珠串在一起。

創立 Town House —— 的信德女強人

莫欣尼 · 吉達馬爾

→ 莫欣尼和丈夫 Mohan Gidumal 與家人。

這家店最初規模不大，到今天已發展為奢侈禮品、生活方式配件和餐具的批發、零售行業的龍頭。

莫欣尼 · 吉達馬爾（Mohini Gidumal），閨名 Mohini Gagoomal，1937 年出生於菲律賓一個第二代印度信德家庭。"我愛菲律賓，那裏確實是一個美麗的地方，"在外國記者俱樂部喝著咖啡的吉達馬爾說。她家有四個女兒，父親堅持要求她們接受良好教育，包括上大學。這在當時非常罕見，但他也期望女兒和其他印度家庭合適的男孩見見面配對。其他姐妹都結婚了，但莫欣尼拒絕匆匆忙忙尋找人生伴侶。最後，她在香港嫁給了自己選擇的男人。

她口中的菲律賓，是生活節奏緩慢的鄉村生活，與其他富裕的印度家庭在大房子裏舉行社交活動，在海灘和鄉村度假。吉達馬爾描述的是田園詩般的童年。儘管她父親出身寒微，但住在碧瑤和馬尼拉的幾棟大房子裏，她別無所求。1955 年，她第一次到印度，恨死它了——又吵又擠又髒。但多年下來，她的想法已有改變。她定期探望那裏的一個姐姐，每年也會回馬尼拉一次。

吉達馬爾的父親 Gagoomal Assanmal 在 17 歲時離開印度，靠清理輪船甲板得到馬尼拉的通行證。他是八兄弟中的一個。開始時是在菲律賓 Pohoomal Brothers 公司工作，後來成立以自己名字命名的公司 G. Assanmal。"他是個很棒的推銷員，我想我繼承了他這點，"她說。

"如果你有注意到，"她說，"我們用父親的名作姓。大多數在菲律賓、香港和日本定居的印度人，都有一個普通的印度名字——例如 Mahbubani，接著大家就會問了，是 Mahbubani，但你是哪個 Mahbubani？所以就有用父親名字做姓的傳統。不過現在不多見了。

年輕時，吉達馬爾就逆勢而行。她母親想讓女兒們明白學習烹飪和針黹女紅的必要性，但她對這些毫無興趣。與此同時，兒子們卻能和父親一起工作。

1961 年，家裏失火，吉達馬爾被父親派往香港搜購替換品。她的一個兄弟在香港經營家族公司，通過哥哥，她遇到了未來的丈夫。

"我愛香港——香港有一種搏鬥精神。馬尼拉太悠閒了。3、4 個月後我遇到了我丈夫 Mohan。我們交往近一年後結婚。"

她丈夫做貿易生意，在海運大廈設有一個大展廳。"他在觀塘有一間工廠，製造印度風格的條紋床單。床單很漂亮，因此為客戶設置一個展示廳，以前我一週在那裏工作兩次。"

當時她是兩個孩子的年輕媽媽，孩子們上幼稚園後她有點無聊。所以一位專長中國古董銀器的朋友 Armis Hornameek 提議她們一起開家店——她們真的在尖沙咀海運大廈開了間名字易記的 200 平方呎小店，店名是 Town House。她們甚至在店裏安裝一個假壁爐，營造家的氣氛。

雖然合夥人深諳所有銀器特點，吉達馬爾意識到她們需要更豐富的產品。所以她從丈夫的出口生意中尋找銀器和餐具發售。她又去澳門淘古董床頭板和中國古董籃子，還會從工藝店買中國藍白瓷磚畫。但她的朋友對店舖走這條路不大有興趣。"店裏的舊玩意她不是都喜歡，" 吉達馬爾說。她的朋友於是退股，吉達馬爾獨自繼續經營。

隨著遊輪駛入海運碼頭，她的 Waterford 水晶和景泰藍生意如火如荼。1972 年尼克遜首次訪華，她瞄準時機售賣尼克遜鼻煙壺。吉達馬爾和兩家香港工廠合作，其中一家是在青山附近的粵東磁廠。他們不止合作生產大熱的鼻煙壺——吉達馬爾曾在一次法蘭克福交易會上賣出 5,000 隻鼻煙壺給一位狂熱的美國買家。她還將一套餐具賣給歌手兼藝人 Danny Kaye。

吉達馬爾的兒子 Ravi 將 Town House 變得更現代化，將其擴展為國際家居及餐桌配件品牌的香港分銷商。但他歸功母親，因為她天生就有能力從世界各地採購漂亮的產品並把它們銷售出去。

在她退休並將業務轉交給兒子後，Town House 已成為一家蓬勃發展的企業，在香港擁有七家門市和一個大型批發展廳，向香港和澳門的其他零售商、酒店、餐館和公司銷售代理的品牌產品。

→ 兒孫滿堂的莫欣尼和 Mohan Gidumal。

體育生活
與社交

體育生活
與社交

曲棍球和板球（cricket，又稱木球，有別於活木球，woodball），是香港
南亞社群的主要體育項目——無論是已居港幾代還是新來者。在小西灣木球
會可以看出他們在本地板球運動中的重要角色，前任主席和隊長中，印度
人和巴基斯坦人佔相當大比例。

他們對運動的熱愛還不止於此。排球和足球在尼泊爾社區尤為流行，還
有跆拳道和健身。"曲棍球通常以南亞人為主"香港資深體育記者卡里姆
（Nazvi Careem）說。"過去十年，板球運動已經從大多數外籍人士參與，
變成了大部分巴基斯坦人和少數印度人參與。看看香港隊，現在有 60% 的
隊員是巴基斯坦裔。其中約有一半來自巴基斯坦，早在來港前已有相當技
術。"

斯里蘭卡人給香港帶來的則是欖球。他們從英國人學得這項運動，並已成
為亞洲第二大欖球國家，僅次於日本。欖球已成為一項國內職業聯賽運動。
這些移民把欖球帶到香港，並在斯里蘭卡人聚居的東涌成立東涌巨人隊
（Tung Chung Titans）。這不僅是一支運動隊伍，更是一個社交網絡。

→ 9 歲的 Anshveer Singh、11 歲的 Parasdeep Singh 和 11 歲的 Vishaldeep Singh Chahal 在跑馬地馬場運動場曲棍球訓練後休息。

早在香港殖民地時期,南亞社群就支持體育運動。 1908 年 1 月 18 日,巴斯企業家、慈善家麼地爵士為第一家運動俱樂部——九龍木球會奠基,並獲贈一把銀鏟留念。

幾十年後,軍庫警隊的印度錫克人便可在昂船洲享受曲棍球和排球運動。雖然曲棍球和板球是南亞人最有代表性的運動,但是在有過百年歷史的九龍木球會或印度遊樂會,也有其他各種各樣的運動可供會員選擇。

　　　　　　　　　　　　　　　　　　　Chapter 9 —— 體育生活與社交

→ 兩個錫克教徒在跑馬地馬場運動場玩曲棍球。.

1951 年，Nav Bharat Club 於灣仔成立，以迎合印度社群的體育和社交需要。它推廣曲棍球、壁球和羽毛球運動，並培養了不少在國際曲棍球和壁球比賽中代表香港的運動員。

位於油麻地的香港巴基斯坦協會裏，板球隊興盛，雖然也有一些孟加拉球員，但隊員主要來自巴基斯坦社群。每週三晚上，去俱樂部時，走在樓梯的燈光下，總會聽到擊球的聲音。 21 歲的板球運動員 Daniyal Bukhari 是聯隊的一員。不管是對他還是只有他一半年齡的隊員來說，對板球的投入是認真的。他是隊裏的守門擊球手，慣用左手。 11 歲的 Fahad Ali 和他朋友 Zakir Khan 以 Bukhari 為榜樣。他們一週訓練幾次，要同時兼顧學校功課和九龍清真寺的阿拉伯語《可蘭經》學習。

Fahad 兩歲時來港，現在是東莞同鄉會方樹泉學校六年級學生。 "我媽媽照顧家庭，爸爸在觀塘當保安，"他說。他有一個哥哥和妹妹。"我很小的時候，"他說，"就在這裏接受守門擊球手訓練，我想成為其中之一，就是守門員，在防守時站在三柱門後面的球員。"

但Fahad最近學會外旋球——以手指做出的旋球——所以他轉而對投球更感興趣。兩個男孩都列出了心目中的巴基斯坦板球英雄，但另一個較近距離的榜樣是香港出生的巴基斯坦裔板球運動員Babar Hayat，單日國際賽（One Day International）香港隊隊長。

"球隊混合不同的人，從別處來港的，或在香港出生的，"體育記者卡里姆說。有一位香港印度裔球員Anshuman Rath，憑著精湛球技，去年已被英國Middlesex隊羅致，但由於不獲英國居留簽證只好作罷。Nizakat Khan

→ 學生在伊斯蘭脫維善紀念中學午休時踢足球。

是另一位巴基斯坦裔板球高手，右手擊球手，是香港板球代表隊球手。卡里姆認為香港隊實力位列世界前 20 名。

本地年輕的板球運動員，無論男女，仍需要政府投入更多資源培訓、鼓勵人才，才可持續發展。最近在香港舉行的一個新錦標賽——香港 T20 快閃賽（Hong Kong T20 Blitz），世界一流球員齊聚香港，為本地選手提供了見識真正國際水準的機會。

香港人 Yasmin Daswani 曾代表香港參加多項賽事，包括第 16 屆亞運會、板球國際板球會世界杯女子預賽和亞洲板球會 U-19（19 歲以下青少年賽）賽事。

→ Zakir Khan 在香港巴基斯坦協會的板球訓練中擊球。

她正前往倫敦接受律師培訓,但為了實現代表香港參加世界杯賽的夢想,暫時擱置法律職業生涯一年。她在油麻地香港三軍會擔任年輕運動員教練,訓練他們的技能和體能。她說,香港木球會和九龍木球會都在致力培養二十多歲的運動員。

Yasmin 於 2006 年加入香港木球會騎士隊(HKCC Cavaliers),開始打板球。其實是她母親把板球介紹給她的,並陪著女兒訓練。

"我在國際學校上學"她說。"我是個第三文化孩子(第三文化,指 18 歲前在國外生活的孩子,同時受到父母文化、當地文化的影響,形成自己獨特的文化世界觀,即第三文化),母親說我和我哥需要接觸我們的文化。10 歲時我們回印度度假,就會和其他孩子在街上打板球。"

→ (左到右)Nasrullah 和 Daniyal Bukhari 在香港巴基斯坦協會打板球。

Chapter 9 —— 體育生活與社交

還是小女孩時，她每個週五晚上都進行擊球、投球訓練。在上個賽季，她是香港板球代表隊的開局擊球手。

那麼，除了贏得比賽榮譽和其他成就外，她認為最精彩難忘是什麼呢？"我想可能是參加 2010 年廣州亞運會的時候。這是我們第一次嚐到作為一名正規運動員的滋味。但也許就個人而言，是去年努力重返球隊（港隊）的艱苦路途。我以前常坐冷板櫈，感覺很沮喪。我終於又回到隊裏，成為開局擊球手。"

在鰂魚涌公園一號足球場，星期日早晨火辣辣的太陽並未能阻止喗喀國際足球俱樂部（ GIFC）的尼泊爾足球運動員在人造草場上訓練。當球員們在球場上揮汗奔走時，球隊的其中一位領隊塔帕（Hem Thapa）講述這個擁有 30 名球員的俱樂部 7 年前成立的經過，及每週至少兩次的訓練。

"我們部分球員相當有經驗和天份，"他說。"他們之前都在尼泊爾和印度的職業聯賽球會踢過。有些也參加過香港乙組賽事及代表大學出賽。我們隊有三十多名球員，目前在香港最具規模的業餘賽友誼聯賽中為 GIFC 效力。我們的目標是激發和鼓勵尼泊爾青年參加香港分組聯賽和尼泊爾職業聯賽。"

塔帕和同為組織者的 Praveen Thapa 為球隊設定了雄心勃勃的目標，希望能在七年內提升這些球員登上香港業餘足球聯賽的榜首。至 2017 年賽季結束時，GIFC 是業餘聯賽丁組冠軍，現已升班至丙組。

塔帕在喗喀國際公司（Gurkha International）工作，該公司為居住國外的尼泊爾社群成員推介給郵輪公司或香港保安行業；其勞動力主要來自前喗喀兵家庭。該公司也贊助足球隊，支付場租和球衣費用。

香港現有超過二十多隊尼泊爾足球隊，包括女子隊，塔帕說。尼泊爾人也熱衷於排球運動，參加多項錦標賽。每年尼泊爾社群還會舉辦健身比賽。

尼蘭賈恩（Gurung Niranjan）最近獲得了會計學位，他是星期日上午在鰂魚涌訓練的其中一員。四個月前他剛結婚。今年 25 歲的他開玩笑說，自從他加入幸福婚姻的行列後，現在在場上已不太在狀態，因為體重增加了一點。"剛開始時我踢中場；那時我很瘦，跑得動，"他笑起來。需要時，塔帕也落場當守門員或後衛，但現在場上大部分時間都留給年輕球員，自己去做教練和領隊。

他和其他義工一直努力建設球隊，提高球員技術，同時讓他們保持在健康的軌道，遠離壞習慣。

這支球隊的目標是友誼聯賽榜首，不過尼蘭賈恩時常舉出兩名已經晉身高級賽事的香港尼泊爾裔球員——Thapa Prakash，於職業甲組球隊公民隊效力；Thapa Saroj 則在業餘的友誼聯賽甲組為 HKFC Colts 隊出賽。

塔帕說，GIFC 球隊中的大多數球員都是建築工人或餐廳侍應，他認為他們能夠應付高溫。"尼泊爾人很強壯，只要有場地踢足球，他們是不會介

→ 2008 年北京奧運會前，前香港板球和曲棍球隊長沙飛露（Farooq Saeed）舉著奧運火炬跑過沙田。

意的。"

卡里姆說，商人沙飛露（Farooq Saeed）是唯一擔任過板球和曲棍球隊長的香港人。現年 48 歲的沙飛露曾擔任香港曲棍球隊長 14 年，他曾代表香港參加亞洲杯和亞運會，啟發了不少青少年球隊的少數族裔成員。

沙飛露少時來港，後來回到巴基斯坦進修商科。他回憶起那時在 40 度高溫下騎單車去運動場。他後來在中學、大學球隊效力，更代表巴基斯坦參加 U-19（19 歲以下青年）曲棍球及板球賽。隨後同時入選香港曲棍球及板球代表隊，為香港出戰四屆亞運會、三屆亞洲杯和兩屆東亞運動會。 2009 年，香港代表隊在東亞運動會上獲得銅牌，沙飛露稱這是他運動員生涯中的輝煌時刻。沙飛露還被選為 2008 年奧運會其中一名火炬手，舉著火炬穿越沙田。

星期日早上，在九龍公園體育中心，大堂內一排排的跆拳道運動員伸腿踢向半空，動作一致。這些小朋友從 4 歲起，開始練習這種已列入奧運比賽項目的武術，強身健體之餘，同時學習自衛和建立自信。他們搭襟的白袍，腰繫從初學時的白色到最高級別的黑色腰帶。每週末他們都來這裏訓練、比試及磨煉技巧。他們都是在香港各區都有分會的香港尼籍跆拳道協會（HKNTA）會員。

高空踢腿後，開始在地板上做掌上壓，教練自己也陪著邊數邊做，鼓勵年輕運動員堅持。

"每三個月，要接受體能測試，至少要做 20 下掌上壓。"HKNTA 委員 Sudhir Kumar Gurung 說。"只要平日做足訓練就能做到。"

作為"升級"測試的一部分，還要展示"品勢"和腿法。"品勢"是韓國武術中一種明確的防禦和攻擊動作套路。跆拳道意譯為"踢和打"。除了掌上壓，他們還需要做 40 至 50 個仰臥起坐。

四位導師先帶領小朋友進行熱身練習，再教更多的跆拳道技術。"它教會小朋友紀律，年輕一代非常需要。"Gurung 說。"不像其他一些武術，這是一種友善的運動，所以它對思想也有好處。"

→（上）尼泊爾兒童在九龍公園體育中心練習跆拳道。

→（下）香港尼泊爾跆拳道協會專員委員 Sudhir Kumar Gurung（左）和導師 Narendra Gurung（右）。

所有導師都是義務教授。Gurung 的正職是特許工料測量師。Thapa Teman Sing 是該協會的一名人事保護主任和導師。他講解道,初學者從白帶開始,逐漸升級至黑帶,這個過程至少需時兩年半。該協會於 2002 年在香港成立,每年舉行一次比賽。"我們也邀請其他協會,"Gurung 說,"還有香港警方。我們希望在香港拿到場地比賽。"

Narendra Gurung 是一家室內設計服務公司 Jeb International 的項目經理。他是一名前喀喀兵,他希望自己教的一些學生敢於追求代表香港參加奧運跆拳道比賽的夢想。這些小朋友經常有機會參加比賽,贏得獎牌,他希望把他們推向更高的水準。

15 歲的 Sneha Ghale 三年前從尼泊爾來到香港,隨著父親學習跆拳道。"這有利於身心健康,也可以自衛,特別是女孩子更有需要。我參加過很多對打和品勢比賽,"她說。"現在我是紅黑帶,"她指的是她的段位僅僅低於夢寐以求的黑帶水準。三個月前她通過了黑帶考試,將會獲得新的段位。

"我想繼續下去,"她說。"我想幫助年輕一代。"

Dev Chandra Gurung 師傅是香港尼籍跆拳道協會總教練,二十多年來一直在香港任教。他說:"我們的主要工作重點是為兒童提供更多的知識和訓練。我們有很多比賽,這樣他們能有所成就,希望對他們有好處。"

13 歲的 Bipen Limbu 在最近的澳門跆拳道公開賽中名列第二。他說有一天,他和父親一起去九龍公園體育中心游泳。"不知如何,我碰巧走到這個角落。"他指著走廊說,"看見有人在上跆拳道課,即時一見鍾情!但是跆拳道挺難的,上完第一節課後我出來跟我爸說,我全身上下都很痛,雙腿陣陣抽痛。不過只要繼續練習就會習慣。"

Lisha Bhavnani 今年 14 歲,住在尖沙咀。她在香港出生,但會定期去印度探望親戚。"我學跆拳道是為了自衛。"她說。"作為女孩,學習如何在這個世界上保護自己真的很重要。我們用得上很多跆拳道技巧,包括紀律。我們學會了如何在他人面前表現得體;我們還學習當領袖的角色,如何帶領其他團體,如何教導年幼的孩子學習我們的技能。"

自從開始和其他尼泊爾孩子一起學習，Lisha 就一直樂在其中，她說課堂內大家互相支持鼓勵，氣氛友善。 她說，"我還在學習，跆拳道提供了一個好機會，讓我可以啟發其他孩子，展現給其他女孩知道我們和其他人一樣強壯。而且也實在有趣好玩！"

另一個星期天，錫克教社群聚集跑馬地參加一個運動日。小朋友和青少年帶著曲棍球棍；家長們攜同豐富食物到來。今天一整天將舉行曲棍球和適合各個不同年齡層的運動比賽，包括足球，甚至是拔河。這次活動是為了慶祝每年 4 月的錫克族新年——豐收節（Visaki）。

當年齡較大的球員進入比賽場地時，每個人都向坐在入口處包著淺藍色頭巾的男子表示敬意。他是 Kewal Singh，港隊教練兼前香港代表隊。

"上世紀 70 年代我來到香港。"他說，"1981 年，我參加 U-19（19 歲以下青少年）球賽。我曾為香港隊效力十五年，多次參加亞運會。"

現年 53 歲的 Kewal 在旁遮普邦出生，16 歲時來到香港。 1985 年成婚，他說兒子現在也是一個很好的球員。他是錫克廟 7 至 16 歲球員的教練，現時錫克廟也有自己一隊非常完善的球隊。

除了在政府的工作，Kewal 說他只想體育的事，其中包括艱苦的接力賽和作為香港代表隊比賽項目的曲棍球，還有亞運會和少年世界盃預賽。"我在 1990 年參加亞運，香港沒有勝出，因為印度和巴基斯坦實力太強了。"

他說，現在學校有很多適合小朋友的運動，這對他們的身心健康很重要。

1.　　與體育記者 Nazvi Careem 的訪談，以及對香港不同體育界和南亞社群的前運動員、現職運動員的訪談。

2.　　《南華早報》體育俱樂部網站。

Chapter

10

歡樂團聚的
南亞節日

歡樂團聚的 南亞節日

南亞人把自己的宗教和文化節日帶到了香港。對南亞人來說，這些節日的重要性一直保持至今。

排燈節（Diwali），即燈節，是印度教、錫克教和耆那教徒最重要的節日之一。慶典在秋季舉行，持續五天；2018 年的排燈節在 11 月 6 至 10 日。排燈節的正日，恰逢印度陰陽合曆的 Bikram Sambat 曆法（由古印度皇帝 Vikramaditya 發明的曆法，現廣為印度及尼泊爾使用）中的第八個月，那是新月夜，天空最為黑暗。它象徵著善良戰勝邪惡、光明戰勝黑暗、博學戰勝無知、希望戰勝絕望，點燈代表著希望和慶祝。在某些印度人人口眾多的國家，節日期間家家戶戶在屋頂上點亮燈光，屋內屋外燈火通明，寺廟和其他建築光芒閃爍。

排燈節前，人人打掃、翻新房屋和辦公室，並飾以芬芳的鮮花、蠟燭。節日期間，虔誠的信眾穿上新衣或最好的服飾。家庭向吉祥天女（Lakshmi，財富女神）禱告。傳統發展到現代便有了放炮竹的習俗，親友互贈禮物和印度甜點。熱門的傳統甜點有腰果片（barfi）── 一種口感柔軟、以牛奶

→ 香港印度人在灣仔錫克廟慶祝排燈節——印度教新年。

為基礎原料的甜點，還有糖漿炸奶球（laddu）——一種用麵粉、牛奶和糖製成的球形甜點。這五天裏，可以在家中或廟裏祈禱。在慶祝排燈節的國家，這個節日也是購物的重要時機。

排燈節是在港錫克和印度社群一年中最快樂的節日之一。廟裏五光十色，擠滿信眾。家人團聚，享受盛宴及交換禮物。社群充滿團結和歡樂的氣氛。

"排燈節是個大節日，我們會好好慶祝一番。這是家庭團圓的絕佳時機。"

Chapter 10 —— 歡樂團聚的南亞節日

香港棟篤笑藝人阿 V（Vivek Mahbubani）說。"我會說，排燈節可有不同程度的慶祝——可以是打扮一新，吃一頓印度盛宴；也可以說句排燈節快樂！出去吃頓好的，然後拜訪親戚。我祖母還在世的時候，很多親戚會來拜訪我們。不過現在她去世了，我們改去別的親戚家做客。中國新年就像隨機揀一天似的開始新的一年嗎？和排燈節也是一樣，"他說。"都是燈光璀璨的節日。節日當晚就是要把整座房子弄得亮澄澄旳，用燭光或燈光也好，基本是要帶來更多能量。我們會祈禱，一起吃晚飯；有時候親人互訪。全部都是正能量，並向長輩表 敬意。"

"那天我們都吃素，幾乎不可能吃肉。傳統就是祈禱、一起吃晚飯、穿新衣——你不會希望那天自己面有倦容。經常還要去辦公室祈禱，感謝當年發生的一切好事。"

香港巴斯人的過節方式大抵類似。

"巴斯人喜歡吃吃喝喝，團聚在一起，不管身處何地。"第四代巴斯香港人吉米・馬斯特（Jimmy Minoo Master）說道，他祖上起源自伊朗。"說到節日，他們什麼節都過！他們會慶祝中國節日、西方節日和自己的節日。"

"巴斯新年在 8 月某天舉行，伊朗新年（Nowruz）約在 3 月 21 日，即春分日舉行。"

這些節日裏一定會喝一種傳統飲料 falooda（大概可稱印度雪糕新地），以牛奶和玫瑰水製成；一種節日早餐主食麥粉布甸（ravo），用粗粒小麥粉、牛奶、糖製作；還有炸甜粉條（sev），粉條是用鷹嘴豆粉製成的。

公寓和房屋用粉筆裝飾，利用金屬模具，刷上鳥類、魚、星星和蝴蝶等吉祥圖案。這些符號也出現在巴斯人在隆重場合穿著的特別紗麗 gara 上。節日期間客人到訪時，主人會在他們的額頭灑上玫瑰水和米，蘸一點 tili。

"除了這兩個節日，我們也在 8 月底慶祝先知瑣羅亞斯德（Zoroaster）誕辰。每個月都有幾天是紀念亡者的日子。"他說。

禱告永遠是信仰的一個重要層面，通常每個節日前都有禱告，吉米說。因

→ 排燈節是一個充滿歡樂的節日，印度教徒、耆那教徒、錫克教徒和尼泊爾新佛教徒都慶祝該
　　節。

此在巴斯新年和其他節日期間，群體聚會、享用雞尾酒和晚餐之前一定會
有祈禱儀式。"祭司會帶領大家祈禱，有時祭司旁邊也有教友祭司一起祈
禱。這是整個社群齊聚一堂的場合。一個社群一起祈禱，團聚在一起。"

在港穆斯林和世界其他地方的穆斯林一樣，將開齋節視為一年中最重要的
節日。開齋節標誌著齋戒月的結束，慶祝整個齋戒月 29 或 30 天日出到日
落禁食的終結。這是一個團結之日、手足情誼之日。九龍清真寺為容納開
齋節的大量人流，每天早上分三個不同時段舉行祈禱，由不同的教長主持。
共有 5,000 人參加開齋節禱告。祈禱之後，穆斯林拜訪親友或在家裏、社
區中心或租用地方舉行大型社群慶祝活動。長輩給孩子"壓歲錢"。節日
前穆斯林打掃房屋。他們把齋戒月看作是自我反省和淨化時期，是一種接
近神的方式。

→ 印尼穆斯林在銅鑼灣維多利亞公園等待齋戒月結束。

在港斯里蘭卡社群慶祝多個節日。其中一個是斯里蘭卡新年，僧伽羅和泰
米爾人都慶祝此節。新年日期不按西曆計算，而按占星術計算，通常在 4
月，新月出現時便是新年開始時。人們打掃房屋，點亮油燈，開始儀式。
由於大部分斯里蘭卡人都是佛教徒，其他節日便是讚揚歌頌佛祖的日子。
每年 5 月，他們慶祝衛塞節（Vesak Day），紀念佛祖一生中三個最重要的
事件。分別是他在尼泊爾倫比尼（Lumbini）出生，在印度比哈爾（Bihar）
菩提伽耶（Bodh Gaya）菩提樹下悟道成佛，他在印度北方邦拘尸那羅
（Kushinagar，現已成為全球佛教徒重要的朝聖地）涅槃。為慶祝衛塞節，
在港斯里蘭卡人會去寺廟供奉鮮花、點燈和燒香。他們誦唱禪樂，供奉食
物。

在港尼泊爾人的重要節日是祖先紀念日（Purkha Diwas），在元朗新田軍
營喀喀軍人墳場舉行。這是不同喀喀族群的聚會——古隆人、林布人、瑪嘎

→ 衛塞節期間，尼泊爾女孩戴著傳統 Kantha 項鍊跳舞。

人、拉伊人、塔巴人等。

這是讓社群年輕一代瞭解自己的文化和歷史好機會。1997 年，中國收回香港主權，軍營移交解放軍。現在為了能在軍營舉辦活動，尼泊爾人必須徵得英聯邦戰爭墳墓委員會和香港政府保安局的許可。社群利用節日組織攝影展、展出歷史記錄，以顯示喀喀兵在兩次世界大戰中的貢獻，並提高他們對尼泊爾本土鄉村生活的認識。

古隆種姓慶祝藏曆新年（Losar）——宣告新年、春天開始的節日。根據尼泊爾占星術，每年屬於一種動物生肖，這個節日標誌著從一個生肖進入到下一個生肖。達善節（Dashain）是尼泊爾人時間最長、最盛大的節日。節日在 9 月和 10 月慶祝，持續 15 天。人們打掃、裝飾房屋，邀請杜爾迦（Durga）女神來探訪。過去每年尼泊爾的這個時候，數以千計的動物被屠

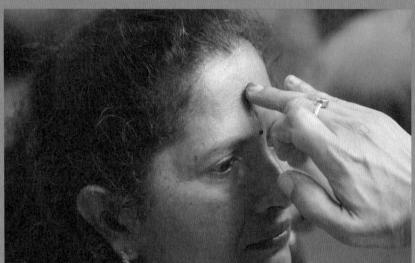

→（上）信德新年伊始，信眾在 Behrano 儀式上祈禱。

→（下）信德新年伊始，信眾在 Behrano 儀式上接受祝福。

→ 在屏麗徑節，一群南亞裔小朋友在活動後合照。

宰當祭品，但是近年大家已不再這麼做了。

尼泊爾光明節（Tihar），是這個國家第二重要的節日，僅次於達善節。在香港，這些節日有時在郊野公園，如馬騮山慶祝。

尼泊爾婚禮

尼蘭賈夫婦

→ 尼蘭賈和 Susmita 在尼泊爾的婚禮上。

五年前，古隆·尼蘭賈（Gurung Niranjan）從尼泊爾移居香港。去年他在香港大學獲得會計學位，2月份回尼泊爾成婚。

25歲的尼蘭賈，在親歷其境前，對尼泊爾傳統婚禮知之甚少。他說婚禮一開始時他有些應接不暇，後來開始享受。因為他已經和未婚妻 Susmita 在一起十年了，參加婚禮的所有家庭成員和朋友他都認識。

不像許多印度和尼泊爾婚姻，尼蘭賈的婚姻不是由家裏安排。"我是自主選擇的，因為我高中就認識她了。所以我們婚前實際上已在談戀愛，而兩個家庭都很瞭解，"他說。

雖然他和 Susmita 的近親都生活在香港，但大部分親戚在尼泊爾。"因此，我們兩家人都在2月回到尼泊爾舉辦婚禮。"他說婚禮混合了印度教和佛教傳統。

尼蘭賈描述了尼泊爾是如何包容不同宗教。"我猜大多數尼泊爾人——大約 80 到 90% 都是印度教徒，也有少數穆斯林和基督徒。我的家族實際上是遵循印度教和佛教的儀式，兩者兼而有之。原來我們的人民更信佛教，但自從與印度教徒一起生活後，我想他們借用了一些印度教的儀式。"

因此婚禮那天，尼蘭賈和 Susmita 及家人舉行印度教儀式，另外又去了佛寺向佛祖祈福。

大日子當天，尼蘭賈穿著日常西裝，而他的妻子則是傳統的印度紅紗麗。"我在她的前額點上提卡（tika），"他說，提卡是一個用漿糊或粉末點上的紅點，表示祝福或終生伴侶關係。"在印度教文化中，只要一個女孩結婚，她的額頭上就會有一個提卡，表示她已婚。"

尼蘭賈說那天食物豐盛，當客人們大快朵頤時，他和妻子卻幾乎沒時間進食。"在印度教傳統婚禮上，新郎新娘忙著接受客人贈送的提卡，所以不能像客人吃得那麼多，"他笑著說。

儀式在結婚禮堂舉行。"有些人會先去佛寺再去婚宴場地，但我們直接去婚宴場地，宗教儀式也在那裏舉行。"他說。

那他是怎麼求婚的呢？其實在尼泊爾社會情況大不相同，他不需要求婚。"其實我甚至不需要求婚，因為我們彼此認識這麼久了，雙方父母都同意，所以我們沒有正式地坐在一起，向她求婚。"

尼蘭賈說，在某方面尼泊爾文化與印度文化甚為相似，"這麼說是因為多數婚姻大都是由家長安排的。大多數情況下，父母試圖為子女找到合適的結婚對象。所以雙方父母先見面，互相評估，看看他們是否匹配。一旦他們認定對方孩子都不錯，就會要求子女見面。如果子女同意，大多數情況下他們會結婚。在某些情況下，子女甚至被迫結婚。"

但對於 Susmita 和尼蘭賈來說，這個過程不那麼正式。沒有戒指，沒有單膝跪地。"但我妻子現在抱怨說，我沒有正兒八經地向她求婚。"尼蘭賈說。"就是西方的求婚方式──也許在一周年紀念日上我會給她一個驚喜。"

香港喜劇演員阿 V，在印度婚禮現場。

"我們參加印度近親的婚禮。例如，我的一些堂兄弟最近在印度結婚了。我去了一個星期，基本上每天都有不同的活動。今天是為了這個，明天是為了那個。一天，說新娘已經在全身畫上紋彩。這是一個給新郎準備的遊戲，新郎要在彩繪圖案裏找到自己的名字。全都是這類型的遊戲。"他說。

"又比如，必須撕掉新郎的衣服，象徵婚後的新開始。我心想，兄弟，我們一起長大的，我不會撕你的衣服。印度婚禮是件大事。這對家庭亦具重大意義，代表歡迎某人進入他們的家庭。就像在說，我們很自豪，讓我們向全世界、向整個社群

宣告我們的婚姻。此外，就是超多吃的。如果沒有食物，我們就不來了。其中一天，你要在屋裏弄得越嘈越好，表明你要結婚了，但在香港你必須小心，因為鄰居就正正在那裏。"

→ 尼蘭賈和 Susmita 與家人在婚禮上。

衝向寶萊塢！

卡里斯瑪 · 蘇賈

→ 對卡里斯瑪來說，寶萊塢舞蹈是家庭傳統。母親教她如何跳舞，他哥哥也有表演。

逢星期六晚，卡里斯瑪·蘇賈（Karishma Sujan）都會在香港電台第三台主持節目"寶萊塢表演"（Bollywood Show），一小時的節目內容包括寶萊塢流行曲和印度電影新聞。卡里斯瑪在一個寶萊塢舞蹈家庭長大，寶萊塢情結流淌在她的血液裏。

"我從三歲就開始跳舞。"她說，在九龍塘香港電台的一個播音室裏，在製作下週節目的小休時間。

"寶萊塢舞蹈很有趣，我認為它融合了一切，不僅僅是印度元素。它融合了嘻哈、南印度舞蹈，非常經典、很有意思。有時還有西班牙音樂、阿拉伯音樂元素，全部融合在一起，這就是寶萊塢。"當然，還有有趣的北印度班格拉（Bhangra）音樂。

卡里斯瑪和哥哥的舞蹈訓練來自母親，她也是寶萊塢舞蹈家。卡里斯瑪在菲律賓出生不久便來到香港。"寶萊塢電影的主題都是關於'快樂'的，色彩豐富，情感充沛，也有很多眼淚——但總的來說都是美好結局，"她說。"所以影片最後總會有一首快樂的歌。"

在每週節目中，卡里斯瑪會選擇一個主題，以寶萊塢電影歌曲貫穿起來。"所以有時候我會以歌手或活動或天氣做主題！我剛做了'夏天'主題，因為寶萊塢有很多海灘夏日歌曲。寶萊塢歌曲種類繁多。"

除了英語，卡里斯瑪還會說信德語和印地語。"寶萊塢歌曲唱的是印地語，所以你可以通過聽寶萊塢歌曲來學印地語！"

著名寶萊塢演員經常到訪香港。"他們也在這裏舉辦寶萊塢之夜，"卡里斯瑪說，多年來她贏得多項寶萊塢比賽，並參與寶萊塢音樂劇。"會有一些寶萊塢老歌，這些經典傳奇一響起，每個人都開始尖叫，我也一樣。他們現在所做的就是舊歌新唱。所以我也做了一個關於翻唱老歌的節目。"

寶萊塢音樂也混合了南印度音樂。卡里斯瑪說："因為我是北印度人，所以不太瞭解印度南部。"像婆羅多舞（Bharatanatyam，印度南部古典舞）和庫契普迪舞（Kuchipudi）這樣的舞蹈，其形式較為嚴肅。"這些表演來自經文，因此受到較嚴肅的看待。因此，如果觀看南印度舞蹈表演，會以較尊重的態度視之，演員在演出前會禱告。南印度舞蹈令人驚嘆，我很喜愛，經常去看。"

另外在南印度有托萊塢（Tollywood）——泰米爾語（Tamil）和泰盧固語（Telugu）的電影和歌曲。

卡里斯瑪說：〝我最近演出了一部泰盧固電影。〞片名是《Bhoo》，在香港拍攝的。〝有時我們會合併，〞卡里斯瑪指的是寶萊塢和托萊塢。〝但是托萊塢經常自己製作電影，有時比寶萊塢影片更色彩絢麗、更有趣，但也有更嚴肅的古典音樂和舞蹈。〞

她在電影中演出 10 分鐘，扮演一個在夢中被附身的女主角。〝我不會說這種語言，所以很辛苦的努力唸台詞。〞

在家聽音樂時，卡里斯瑪更喜歡聽電影裏印度男女演員演唱的歌曲，而不是個別歌手。〝如果我只能選擇一位最喜歡的歌手，那一定是旁遮普歌手 Mika Singh。他的歌太棒了，能令全場興奮，他最近在香港有演出，他會讓你搖擺起來，他可能是最好的現場表演者。〞

卡里斯瑪喜歡聽演員 Salman Khan 在電影中演唱的歌曲。〝他的歌很獨特。他有時會在電影裏唱歌，唱歌時，他隨意調整音調，但是聽起來真有趣。〞

除了 Salman Khan 之外，她的選擇還有：〝Badshah，一個說唱歌手，現在大熱；Kanika Kapoor，年輕歡快的唱法。〞

因此，在托萊塢電影《Bhoo》初嚐大銀幕演出後，卡里斯瑪除了寶萊塢廣播節目外，還會考慮參加更多的電影演出嗎？

〝我肯定希望更多參演，但必須非常謹慎地挑選角色，因為我來自一個相當保守的家庭；但這是我喜歡的。如果這個角色有意義，那麼我肯定會感興趣的，所以答案是，是的。〞

每星期六晚上 9 時 05 分到 10 時，在香港電台第三台，你可以聽到卡里斯瑪主持的〝寶萊塢表演〞。

→ 在香港可以買到印度電影的 DVD，包括由印度著名導演拉庫馬·希拉尼導演的《來自星星的 PK 》（PK）。

鳴謝

本書作者和出版社希望向眾多南亞社群成員致以深深謝意，正是由於他們貢獻的寶貴時間、精力和資源，才使本書的出版成為可能。他們接受我們長時間的採訪，提供文字和圖片資料；歡迎我們進入自己的禮拜堂、社群協會、商店、餐廳等場所；為我們的攝影師李安民提供工作便利。無此合作熱情便無此書。讀者將在不同章節中找到所有幫助過我們的人的名字，非常感謝他們！我們還要尤其感謝香港註冊導遊協會成員阿里・可汗（Ali Khan），他是一名巴基斯坦裔香港居民，長期從事導遊工作。他利用自己在南亞社群內的廣闊關係網為我們引薦。他抱著極高的熱情參與工作，總是笑容可掬；他的幫助是無價的。

Ahmad, Buraq Islamic Store
Allah Dad Ditta
Ammar Mosque and Osman Ramju Sadick Islamic Centre
Anita Gurung
Bally Gill
Bangladesh Association of Hong Kong
Bangladesh Chamber of Commerce in Hong Kong
Captain Nam Sing Thapa Magar.
Council of Hong Kong Indian Associations
Damesh Niroshan
Daniyal Bukhari
Dewan Saiful Alam Masud
Dr. Dhiraj Gurung

Dr Narindah Pal Singh Gill

Fahad Ali

Farooq Saeed

Freedas Salon

Gaylord Indian Restaurant

Gill Sukha Singh

Gurkha Cemeteries Trust

Gurkha International Football Club

Gurung Jagat Ambu

Gurung Niranjan

Gurung Prativa

Happy Valley Hindu Temple

Hello Kitchen HK

Hem Chandra Thapa

Hong Kong Nepali Taekwondo Association

Ikram Ahmed Khan

Image Hair Salon

Indra Baraha Jwellery

Islamic Kasim Tuet Memorial College

Jagraj Singh

Jashan Celebrating Indian Cuisine

Jalalia Provision Store

Jharana Bhujel

Jimmy Minoo Master

Joanne Kwok

Justice Kemal Bokhary

Karishma Sujan

Kewal Singh

Khalsa Diwan Hong Kong

Kowloon Mosque and Islamic Centre

Kulbir Singh Dhaliwal

Kuldip Singh Uppal

Kung Yung Koon

Lal Hardasani

Liam Fitzpatrick

Lubna Farhin

MacLehose Centre

Major Balkrishna Rana

Mala Daswani

M&R Jewellery

Manakamana Nepali Restaurant

Masjid Ammer and the Osman Ramju Sadick Islamic Centre

Maxi Trading Company

Minhas Rashad

Mohini Gidumal

Mufti Muhammad Arshad

Namo Buddha Aama Samuha Hongkong

Narendra Gurung

Nazvi Careem

Nigel Collett

Nury Vittachi

OM Divya Boutique

Prativa Gurung

Praveen Thapa

Professor Malik Peiris

Rajeev Bhasin

Ray Stal

Ravi Gidumal

Ravindra Shroff

Sam's Tailor

Samina Fashion House

Serendib Restaurant

Services for Ethnic Minorities Unit, HK SKH Lady

Shalini Mahtani

Siddhababa General Store

Sikh Gurudwara

Six Star Recycle & Paper-Metal Company

Sri Lankan Buddhist Cultural Centre Hong Kong

Sudhir Gurung

Sunita Gurung

Super Angelic Hair & Beauty Salon

Susma Rana

Terry Mahmood

Thapa Teman Sing

The Incorporated Trustees of the Islamic Community Fund of Hong Kong

The Indian Chamber of Commerce Hong Kong

The Pakistan Association of Hong Kong

Time Asia

Town House

Utham Yang

Venerable Sumiththa Thero

Veronica Wong

Vivek Mahbubani

Wisewomenhk.com

Yasmin Daswani

Zakir Khan

Zubin Foundation

圖片出處

感謝以下個人及機構准許我們使用他們的照片。

除特別註明外，所有照片均為李安民於 2018 年 3 至 7 月
拍攝的。

P15, 16, 18 大館（中央警署）
P19, 45, 90, 92 高添強
P20 丁新豹
P26, 101, 102 Hong Kong and Khalsa Diwan (Sikh Temple)
P42, 162, 267, 269 《南華早報》
P46 Liam Fitzpatrick
P50, 53 Shalini Mahtani
P94, 116 Annemarie Evans
P97 Kemal Bokhary
P118 Gill Sukha Singh
P126 Col. Lavender
P127, 128, 130, 131 Lieutenant-Colonel Nigel Collett
P136, 139 Major Balkrishna Rana
P146 Prativa Gurung
P158, 161 Nury Vittachi
P170, 176 Ikram Ahmed Khan
P178, 181 Dewan Masud
P194, 195, 207（上兩幅）Jashan Celebrating Indian Cuisine
P191 Jo Jo Indian Cuisine
P240, 243, 245 Mala Daswani, M&R Jewellers Ltd.
P246, 249 Ravi Gidumal
P259 Farooq Saeed
P274, 277 Niranjan Gurung
P278 Karishma Sujan

香港的顏色——南亞裔
歷史、文化、傳略、美食、購物

編輯	→	劉夏蓮
圖片編輯	→	李安
書籍設計	→	麥穎思
協力	→	戴文琦、陳健照

作者	→	馬克·奧尼爾、安妮瑪莉·埃文斯
攝影	→	李安民
譯者	→	陳曼欣

出版　三聯書店（香港）有限公司
　　　香港北角英皇道 499 號北角工業大廈 20 樓
　　　20/F., North Point Industrial Building, 499 King's Road,
　　　North Point, Hong Kong

印刷　美雅印刷製本有限公司
　　　香港九龍觀塘榮業街 6 號 4 樓 A 座

發行　香港聯合書刊物流有限公司
　　　香港新界大埔汀麗路 36 號 3 字樓

版次　2018 年 8 月第一版第一次印刷
規格　16 開（170 毫米 x 230 毫米）288 面
國際書號　ISBN978-962-04-4382-4

三聯書店
http://jointpublishing.com

JPBooks.Plus
http://jpbooks.plus